こころの臨床セミナーBOOK

夢、夢見ること

松木邦裕
Kunihiro Matsuki
藤山直樹
Naoki Fujiyama

創元社

緒言

こころの臨床セミナーBOOKの第二冊目としてここに登場しているのが、本書『夢、夢見ること』です。

〝夢〟は、伝統的に重要なテーマであり続けています。百年を超えても、フロイトの『夢の解釈』は精神分析の貴重な礎石であり続けていますし、この一世紀のあいだに、単調な夢の象徴解釈から、転移のコンテクストでの夢の意義へと比重は確実に移りながらも、〝夢〟研究は続けられました。

そして近年、ウィルフレッド・ビオンによる思考や精神分析体験の探究が大きな刺激となって、研究対象を心的活動の産物としての〝夢〟に限定することを止め、こころのはたらきとしての〝夢見ること〟に新たな焦点が向けられています。「私たちは夢を分析するのではなく、夢見る人を分析する」〔ハンナ・スィーガル〕のですから、これは必要不可欠なパラダイムの転換です。

そうした今日的状況を背景にひかえて、この本には〝夢、夢見ること〟をテーマとする藤山直樹と松木邦裕による二つの講義を収めています。

藤山直樹による「夢見ることについて」、松木邦裕による「精神分析という夢のとき」と題したそれぞれの講義は、二人の講師独自の視点から語られているものです。講義からは、それぞれの分析臨床経験に根差したオリジナルな見解が読み取れますが、同時に、表現こそ異なりながらも、共通な感覚や認識も浮かび上がってきます。

それは、やはり「夢は無意識への王道」〔フロイト〕であるとともに「夢ではなく、夢見る人を分析する」との事実を再認識するだけではなく、精神分析臨床が〝夢〟や〝夢見ること〟に満ちていることに、改めて気づかせてくれるのではないかと思います。そのことは、「起きていて夢見ること」をはじめ、読者諸氏の精神分析場面への臨み方に新たなヒントを与えてくれるでしょう。

今回、二つの講義に基づいた講師間での対話に加えて、参加者とのディスカッションも本書に収めましたので、より拡がりのある眺望が得られているのではないかと思われます。

精神分析はこころの真実に出会おうとする方法であり学問であると私は考えていますが、把握したものを表現し相互作用することにおいては、ことばに依らざるを得ないものです。ナチスが精神分析を拒絶したため精神分析は出自のドイツ語を離れ、英語が精神分析を語ることばとなって長い歳月が経過しています。我が国の精神分析も、英語を介在してその理解を深めてきました。先達の並々ならぬ努力の末、今日、翻訳語ではない日本語の精神分析臨床や講義が成り立ち始めているように思います。もちろんそれは、英語や翻訳語を排除して、かつ日本語にしかないことばで表現するということではなく、それらを含みながらも適切な日本語で伝えることです。

〝夢〟は主体的な経験であって、ことばではありません。それをことばにするとき、私たちにとって夢は「見る」ものです。ところが英語では I had a dream と言うように、夢は「見る」ものではなく「持つ」ものです。I saw a dream とは言いません。今日の精神分析が明らかにしてくれているのは、夢の特異性が視覚像、すなわち「見ること」にあることです。そこに、私たちの伝統的なことば遣いがそのまま生きています。そうした些細なところにおいても、我が国の精神分析は独自の空気を醸成していっているのです。

それでは、日本の伝統話芸である落語にも精通した、藤山直樹の精神分析家としての語りにじっくりと耳を傾けていただくことから、〝夢、夢見ること〟を始めましょう。

松木 邦裕

もくじ

緒言　i

講義I　夢見ることについて……3

どうして夢を見るのか？　5
遊びのエリア　文化のエリア　13
夢見られていない夢と　夢見られている夢　19

討論　35

講義Ⅱ　精神分析という夢のとき……43
理想の精神分析セッションとは　45
なにが起こっているのか　49
精神分析臨床における夢　62
精神分析の方法　69
分析空間のなかで　72
討　論　75
In Retrospect　ふりかえり
後　記

夢、夢見ること

装丁　上野かおる

講義 I

夢見ることについて

藤山 直樹

どうして夢を見るのか？

それではまず、精神分析における「夢見ること」の位置づけについてお話ししましょう。この何十年かの基本的な流れとしては、「夢 *dream*」から「夢見ること *dreaming*」の方に注目が集まってきたということが、精神分析の流れだと思います。

フロイトの考えた夢の仕事

『夢の解釈 *Die Traumdeutung / The Interpretation of Dreams*』というのは精神分析にとって大きな記念碑的な作品で、あの本を書く道筋のなかでフロイトは精神分析をつくったと思うのです。

一八八七年の九月にフロイトはフリース *Fliess, W.* へ、「今までの神経症の外傷論的な考えは間違っている」という有名な手紙を送りました。そして彼は、自分の夢をたくさん集めて、『夢の解釈』のなかで検討しました。そこには「夢は無意識への王道だ」と書かれてあります。この本の第七章、最後のチャプターでフロイトの精神分析のオリジナルな考え方が明確に示されました。

フロイトは「人は眠ると退行する」と言いました。その退行のなかでそこに「願望充足的な心的内容が出てくる」のです。それを夢で見てしまうと、あまりのことに眠りから覚めてしまって睡眠を持続できない。そういうふだん考えないようにしているような願望が退行によって表に出てくる。だから、睡眠を保護するためにはそれを加工しなくてはならない。そうして睡眠の保護のために、夢をつくる。これがフロイトの考える〝夢の仕事〟です。

つまり、フロイトにとって夢というものは非常に妥協形成的なものです。危険な内容を検閲して、睡眠を保護するために加工することによって生まれたものです。実際に見られている「顕在内容」の背後には「潜在内容」というものがある。その「潜在内容」は願望充足的で危険です。だからそれを「顕在内容」に、圧縮だの置き換えだのいろんなやりかたで変形して、ごまかす。そして、無害なかたち、睡眠に対して抵触しないかたちに変化・変形するということが、フロイトのいう〝夢の仕事〟なのです。

要するに〝夢の仕事〟というのを基本的に非常に防衛的なもの、偽装的なものと捉えているわけです。逆に言えば、生きたものを死んだものに変えていくプロセスとして、フロイトは考えていると思うのです。これ一種の還元主義的な物の考え方になってくるわけだし、夢に対して分析家が取り組むということは〝夢の仕事〟の逆だ、ということになる。つまり、変形されたもののの解読、暗号解読のように本来の形に戻すことが「夢の解釈」だ、という話になるわけです。

ここでわかるように、フロイトにとって夢というのは、なんら生産的でもなければ創造的でもないものです。それが、もともとのフロイトの理論だと思うのです。

こころが学べるようになるまで

その後、ビオン *Bion. A.* とウィニコット *Winnicott, D.W.* によって、「人間が夢を見るというプロセスは何なのであろうか」ということについて、フロイトとは本質的に異なる革新的な考えが出てきました。

一言でいうと、特にビオンにとっては、dreaming は thinking と同じなのです。unconscious に think するということです。

「考え *thought*」というものは think して生み出す、というのが私たちの常識だけれども、ビオンはそうは考えませんでした。thought は最初からある。まだ考えられることのできない考え、いわゆるアルファ機能 *α function* を受けていない、ベータ要素です。〝生《なま》の感覚体験 *sensory experience*〟みたいな水準のものです。

私たちは、深刻な外傷に遭遇したり、すごく生々しい本能衝動に突き上られるたりするようなときにしか、しかも、かすかにしか〝生《なま》の感覚体験〟を体験できません。私たちはこころを持っていますから、こころの装置は絶えず無意識的に think してしまっているので、その〝生《なま》のもの〟から隔てられているわけです。

その考えられなかった〝生《なま》のもの〟はどんどん排出される。投影同一化というメカニズムが排出を可能にします。その排出はたとえば、何かの物体のなかになされると、「奇怪な対象」というのが生まれ、最終的には妄想の世界に患者は閉じこめられたりする。つまり、精神病的な心性、つまり、直接的に無媒介にこころを揺すぶられたり、現実的ではないものを怖がったりする心性というものは、考えられない thought、考えられなくて排出するしかない思考によって構成されます。

それを、その個人が内側で「考える」ことができるようになるのを手伝うのが、精神分析だと私は思います。

思考と思考の葛藤、考えたくない——考えることはできるけれども——思考を考えないようにする心的操作、つまり抑圧ですね、そういうものを精神分析はもともと扱おうとしてきました。しかし、対象関係論、わけてもビオンは、思考を考えること、thoughtをthinkすることができる能力、あらかじめ存在するthoughtに対処していく能力、ひとことで言えば「人がものを考える能力そのもの」を問題にして、それをはぐくんでいくということに向かったわけです。

thoughtというのは、最初はひとつの考えられない何かであり、ある種の情緒的対人作用的な体験なんですよね。だから、この世を生きるときに、そうした体験を生かし、たくわえ、そこから学び、自分を変化することに役立てることが必要になってくる。そうした対処の最も大きな道具がthinkingなのです。物を考えて、意味づけて、パーソナルでシンボリックな意味を付与して、こころが貯蔵したり後でそこから学んだりできるようなかたちに変形していく。そういうことをするのがthinkingなのです。

こころがthinkingを営めるようになるまでは、人間はとにかくそれを吐き出して、排出することしかできない。なんでも人のせいにしたりするしかない。それが、ちゃんと考えられるようになって初めて、「ああ、俺はあんなことをしたのか。それはまずかった。どうしたらいいんだろう」と考えられるようになるわけです。考えられるようになって、体験から学べるようになるまで、ある種のプロセスが必要になります。

このように、ものを考えるには thought が先にあるわけで、thinking が生まれるのはずっと後だというのが、ビオンの考えたことです。

その「ものを考えるということ *thinging*」ですが、人間は覚醒時に、意識的に考えることでなく、無意識的に考えるという機能をずっと動かしているわけです。〝生の情緒的な体験〟をプロセスして変形するためにそれを続けているのです。それが無意識的に考えること、thinking です。それを dreaming とビオンは結びつけました。

夢を見られるようになるために

つまり、夢見ること *dreaming* を通じて、そこで起こっている〝生《なま》のもの〟を考えること、意味をパーソナライズするということ――それを〈アルファ機能〉と呼んでもいいのですが――それが出来ないと、私たちは、「物自体」の世界に閉じ込められてしまうということになるわけです。
フロイトは、非常に危険な内容を偽装して、意識的に体験できる水準のものに変形していくということ、意識しても平気なものへと変形していくことが、〝夢の仕事〟だと考えたわけです。一方、ビオンにとっては、個人が体験している〝生なもの〟を無意識的なワークに持っていけるようにしていくことが dreaming なのです。だから、ある意味ではこの二人が注目している過程は反対方向だと言えるかもしれない。ビオンにおいては、無意識的な仕事に持っていけるかどうか、が問題となっています。

ここで大事なのは、意識と無意識の区別というのがあって、そのうえで dreaming が生まれるのではなくて、dreaming することによって意識と無意識の区別が生まれる、ということです。要するに dreaming というのは、そういう意識的なこころと無意識的なこころを分かつための重要な営みであり、そのことによって私たちは、いま私たちがもっているような「ヒューマンなこころ」で生きるのことが可能になります。つまり、なにかを見ない／なにかを見る、というようなことをずーっと繰り返して選択して私たちは生きているのです。ここにあるすべての感覚情報すべてを生きているわけではないわけです。夢を見る機能によって、意識と無意識が「何かを知り／何かを知らない」ということを振り分けていける。そういうことができるのは、私たちが夢を見ているからなのです。

このように考えると、夢見るということは、ものすごく重要な意味をもつ、ひとつの心的な仕事なのです。

遊びのエリア　文化のエリア

ウィニコットはそうした夢見ること *dreaming* と、彼が重視していた遊ぶこと *playing* というものを重ねました。

先に言ったようなことが本当に起こる領域を、ビオンはグリッド *grid* のＣ水準、夢思考－夢－神話水準のところに位置づけたのですけれども、そこの領域の体験を、ウィニコットは可能性空間〈ポテンシャル・スペース〉というもののなかで起こってくる現象として考えたと言ってもいいと思います。

精神分析も、心理療法も、遊ぶことも、全部そこで起こる。ウィニコットは徹頭徹尾、乳児のこころについて、お母さんの存在を前提として考えた人です。お母さんがひとりの人間として――精神分析の言葉でいえば対象として――存在し始める以前、お母さんが環境として存在している局面に着目したのが、彼のオリジナルなところです。その環境としての母親と乳児のありさまをすべての出発点として、彼は考えます。

お母さんと乳児がいて、最初はお母さんが与えてくれる心理的な空間というか、心理的な環境のなかですべての体験を営んでいた乳児がいるわけです。だから乳児自身は、静かでいて、何も考えなくてもいいし、すべてのニードがどんどん満たされるから、お母さんとの存在さえ何も感知しなくてもいいというところからスタートする。つまり、そこにはどのような意味でも「思考」はないのです。具象的な水準での思考もない。

ところが、しだいに乳児と母親が離れていって、分離を体験しなきゃいけなくなる。ここのところで出現するのが、移行現象というものです。すなわち、乳児が現実的に自分がここの外界から発見したものか、それとも、自分の内側から創造したものかを区別しないで体験するエリアが存在するのだ、そこで乳児は重要な体験をしているのだ、とウィニコットは言ったわけです。

言い換えれば、お母さんと一体になっていときには体験しなかった外部、他者というものと乳児が外傷的でなく出会うために、つまりベータ要素的な物自体を体験してこころが侵襲されないで出会うために、内側でも外側でもある、創造したものでもあり発見したものでもある、そうした逆説を保存するような領域での体験が必要となると彼は考えるのです。

それが、〈移行対象〉にまつわる移行現象という体験で、〈移行対象〉は、外の現実の対象であることは間違いないけれども、内側でつくり出した対象でもある。そのどちらかということを誰も問わないし、それを明確にはしないまま、乳児はそこで生きる。そういう体験が〝生きている〟体験なのです。

ポテンシャル・スペース

そこの「生きている体験」のエリア、移行現象のエリアのことを〈ポテンシャル・スペース〉とウィニコットは言いましたが、そのエリアというのは、最終的には遊ぶこと *playing* のエリア、文化のエリアとなります。

私はよくサッカーを例に出します。

サッカーというものは、球を網の中に入れるということのために、あれだけの大人たちが血眼になって、手を使えばいいものを足だけで頑張ってやっているわけです。この文化というものから切り離された、たとえば宇宙人が空から観察しているとすると、どうして、ボールを蹴るのか、必死で走るのか、網の中に入ったらうわーっと観客が騒ぐのか、さっぱりわからない。宇宙人は首を傾げるしかないでしょう。だって、それで食欲が満たされるわけでもなければ、性的な快があるわけでもないですから。それなのに、なぜかわけがわからないけれども、何の意味もないとしか思えないことをみんなが感動している。なぜなんだろう？　と。

これが、「遊ぶこと」なのです。

結局、現実的には飯の種にならないものを、喜んでいる。たとえば、おままごとをしている子どもたちが『ハイハイ、ご飯よ』『うん、おいちぃ』とか言って、真剣においしがっているということですよね。だけど、もちろん、そこに誰か大人が来て『これ、ご飯なの？』って尋ねたら、『これがご飯？　冗談じゃない、これは砂よ』と言うくらいの現実検討は保たれているわけです。砂を本当にご飯だと思ったら、それは病気ですが、そうではなくて「砂は砂なんだけど、ご飯なんだ」という世界のなかに、その子はいきいきと存在して一生懸命遊んでいる。それが、生きているということだと、ウィニコットは言っているのです。

つまり、「空想」と「現実」のあいだを自由に行き来するような部分が遊ぶことであり、それは〝夢見ること〟でもある。夢とは、かならず背後に意味がある。フロイトが言ったのはそういうことですが、それは、ふたつのことを両方股にかけていいるということなんです。ふたつを行きかう力をもっているということです。それができるということが、遊ぶこと、夢見ることこそ、人が心的に〝生きている *living*〟ということなのです。

夢見ることと　空想すること

これら遊ぶこと *playing* 夢見ること *dreaming* 生きていること *living* と反対なのが、空想すること *phantasying* なのです。ウィニコットにとっては、空想においては「犬は犬であるは犬である *a dog is a dog is a dog*」です。つまりそれは物自体の世界、**What it is** の世界なんですよ。つまり、それはそれでしかないものなのです。

現実の困難から逃避するために、人間は白昼夢にふけります。毎回毎回同じ白昼夢を見て、毎回毎回同じことを考えていては、発展性がありません。

たとえば、とてもちゃんとした会社のえらいさんなんだけれども、うちの中ではずーっと女装しているという人もいる。そのために、たとえば結婚や普通の性生活はもてない。でもそれがなければ生きていけない。それがあればやっと生きていけるし、そうでないと、マスターベーションして射精もできない。普通に社会生活はしています。宅急便が来ると着替えたりする。ただ、うちの中にいるときは、ずーっと女装し、かなり女性として生きているともいえる。つまり、遊んでいるし、生きている。しかし、この人にとっては、非常に限定的なかたちでしか、〝生きている感覚〟は体験できない。生きるということが極度に制約されています。現実の実人生のなかでの交わりによっては、「生きている」と体験できないのです。

そのように、「生きるということというのが、その人にとってどういうものか」ということが問題となります。私たちが呼吸して、普通に目覚めていれば生きているかというと、そうでもないわけです。生きているということは、そのようにパーソナルな意味を生成して、この世の中で自分らしく自分の考えを持って生きるということなんです。

そういうことができるエリアのことをlivingの領域、dreamingの領域と呼んだのです。

つまり、さきほど言ったように、ビオンも、夢を見ることによって、私たちは私たちとして生きる道を見つけると考えていると思います。それとほぼ同じことを、ウィニコットも考えていたと思います。つまり、夢見るということが、単に生物学的に夢を見るということとは違った意味で、こころというものをかたちづくるためにとっても重要なことなんだということを、彼らは言ったわけです。

夢みられていない夢と　夢みられている夢

こういうことを前置きに、ひとつのケースを出してみます。

夢という生理現象には、「夢見られている夢」と「夢見られていない夢」があります。夢見られてない夢というのは、単なる排出のための夢です。こころのなかで、こころな部分部分のあいだでコミュニカティブではない夢です。それは凍りついていて夢みられていない、そういう夢と、本当の意味で夢みられている夢がある。

精神病的な人の治療の初期にやたら夢ばかり持ってくるような時期があるとしたら、それは、ほとんど夢みられていない夢ですね。ただ、強迫的にこちらのこころを何かでを埋めて、その何かがこちらのこころを考えさせないように麻痺させようとしている感じがする。ある種の攻撃ですね。それは、乳児がおっぱいのことが羨ましく憎たらしくなってそれを毒殺するためにおしっこをするようなことと近いわけです。そういう空想とか、そういうものでしかないような夢もあれば、ものごとをセラピストと一緒に楽しめるような夢もあるわけですよね。このように、夢見られていない夢と、夢見られている夢があるわけです。

このあたりのこの区別がないのに、「どんな夢でも意味がある」と考えることは、どうしても納得できないと、いつも私は言うんです。ユング派の人たちに疑問を持つのはそこのところですね。だって、「ふつう、面接の初期にやたら夢を持ってきたら、おかしいだろう」と私は思うわけだけれども、そのおかしいだろうというのがわからないらしい、ということです。夢そのものでなく、夢が夢見られているプロセスがどのくらい行き届いているかどうか、そこが重要です。

今日は、精神分析の一週間の素材を持ってきたんだけれども、その一週間の中ごろ、火曜日あたりの夢のなかに、一部分、夢見られていない部分があります。その孤島のように隔絶された、夢見られていない夢の部分が、徐々に夢見られていくように週の終わりまでになっていくような過程として、私はこの素材を見ています。

この素材は、三〇代の女性の一週間の素材です。週四回の精神分析の設定で三年近く経ったあたり、四百回ほど経過した時期の一週間です。

この人は、生活のいろんな側面で一見活動的だけれども、実は「単に他者の目に対して自分の人生を繰り広げているだけだ」ということについて、最初はそう考えていませんでしたが、考えられるようになってきています。つまり、それは、自分自身のパーソナルなこころや人生がなくて、他者向けにしか生きていないということです。それは、しばしば他者の視線の前で躁的に露出症的になったり、迫害的パラノイア的になったりすることを意味します。そしてときにわれに帰ると、彼女は空虚感を感じ、自分はちっとも生きていないということに途方に暮れることもあります。

一見、非常に適応が良く、頭が良い人です。だけど、本当の意味では、自己主張をして何かを実現するということが自分の人生では起こっていないということを、この人は知り始めてきましたし、そのことがどうしてそうなってきたのかが解明されつつあるわけです。

月曜日のセッションで彼女は、寂しさと抑鬱を訴えました。週末に友人と会ったときの話でセッションの多くは埋められました。その友人との長い付き合いが、結局、自分が無理をしていることによって維持されていたことに彼女は気づいたということを語っていきました。その週末に食事をしたとき、彼女が、情熱を込めてやっていると感じている事柄が、結局のところ、友人には何も理解されていないばかりか、興味を持たれていない、それどころか、軽蔑すらされているかもしれないと彼女は感じました。

私は、そうした友人のあり方に、彼女は以前から薄々気づいていたように思われるけれども、そのことを、気づいていることを認めたくはなかったのだろう、という解釈をしました。彼女はこの解釈について、しばらく沈黙していました。だが、やがて同意しました。私はそのとき、彼女が無理をしているような、すなわち、私の解釈を味わうことも咀嚼することもなく、鵜呑みにしようと頑張っている印象を持ちました。それは、まさにその友人のみならず、多くの人間関係での彼女のありようの再現がこの場面でも起こっていると私は感じました。それで、私はそれを解釈しました。

すると、彼女の仕事での人間関係や母親との関係が、その無理をすることに気づかないふりをして関係を維持するという文脈で連想してきましたが、このこと自体は、それほど新しいことではないと私は感じながら聞いていました。そして、あんまりこの月曜のセッションは面白いなと思わずにセッションが終わっていきます。

火曜日のセッションで、彼女は、カウチに横たわるとすぐに昨夜見た夢を話します。『これはとっても苦しい夢だったんだ』と言って、前置きをして話します。

知り合いの子どもたちとお芝居を観に行くんだけれども、いざ出かけようとすると、わたしが持っているはずのチケットがない。子どもたちはがっかりする。あのバッグに入っているんじゃないか、このバッグに入っているんじゃないか、と捜すんだけれども見当たらない。ブランド物の高級バッグに入っているんじゃないかと思って、なぜかバスに乗って捜しに行く。途中で友だちにばったり会う。そうすると、その友だちは、金魚の入っているジュースを飲んでいる。それを見て、わたしは嫌な気持ちになる。結局、見つからず帰ってきて、ふと引き出しを見るとチケットが見つかる。子どもたちも喜ぶ。

この夢に対して彼女は、自分から積極的に連想を語りました。難しいことだと諦めてきたのに、ふと引き出しを見ると見つかったというところから、彼女と私とのあいだで繰り返し話題になってきた、彼女が最初から無理だと諦めてやっていないことを、ちょっとやってみると意外に簡単に解決する、実現するという、二人のこの何年間かの治療によって生み出された気づきの方向に連想が動いていきました。

最近、彼女は、当たり前の自己主張ができようにに変化したと語ることがよくあり、そうしたことはしばしば、自分の内的環境に今までとは異なって積極的に働きかけて成功したというタイプのエピソードとして語られていました。このときも、そうしたエピソードと同一線上の同じような連想が繰り広げられました。

長いこと、どうせだめだと思って、そして、いろんな人に頼んでうまくいかなかった仕事上の一件が、彼女がしょっちゅう会って相談している先輩に偶然の機会に頼んだら、すぐにうまくいってことが進み始めた話があり、最初から頼めば良かったのに、なぜ頼まなかったんだろうとか、そういうことが話されていきました。

自分がある種の変化をしてうまくいきつつあるという感じの調子がありました。この夢の全体を、彼女がひとつの物語として一括りにして、その物語に対して彼女が連想しているという感じでした。小説をダイジェストで読んで、それをもとに感想文を書いているような学生を私は連想しました。

さらに、彼女は、その夢のなかの高級ブランドという要素について連想をしました。買い物を刺激的に、彼女が高級ブランド漁りをしていた以前の彼女を私は思い出していました。彼女もそれについて語りました。あの頃も本当は、手近なところにもっと違う何かがあったはずなのに、それに気づいて現実的に働くこともできたはずなのに、それをしなかったと語り、しみじみ涙ぐむのでした。

セッションは、もうこの時点で、残り一〇分ぐらいのところまで来ていました。その涙は、ある種、なるほどなぁと思わせるものではありましたし、もちろん彼女が芝居をしているような感じは持ちませんでした。彼女が一面で悲しんでいることは事実なんだろうと私は思いました。しかし同時に、私は、自分がその涙に対して微妙に気持ちが動いていないということを自覚してもいました。

何かがなんだか変でした。夢のストーリーの全体をようやくして、理解して、一件落着とでも言うような手つきや、以前はうまくいかなかったことが、おそらくこの分析のお蔭でうまくいきつつあるというわかりやすいストーリーとは、そういうことははっきりは自覚していませんでしたが、出来すぎているようでした。そのとき作りもののようだと確かには意識していませんでしたが、後から振り返れば、おそらくそういうことを漠然と感知していたように思います。しかし、そのときの私の意識は、それよりも金魚に向いていました。金魚が引っかかっていました。夢を報告されたときから、私は金魚の入っているジュースを飲む女という要素に妙に引きつけられていました。

こうしてセッションは、何となく予定調和的な彼女の涙によって閉じられようとしているとき、いま、さらに金魚は、私のその飲まれてしまう金魚は、私の意識の中心にせり出してきました。金魚の入っているジュースという、まさに「すんなり飲み込めない」ディテール、気持の悪いディテール、それは彼女がこの夢を見て苦しかったという事実と何か照応しているように思いました。今目の前に横たわっている彼女が、その苦しさがなかったかのように、ある種、甘美な納得の涙の中に走り込んで、持続しているかのように思いました。

彼女は、買い物だけではなくて、うまいもの巡りで気持ちを紛らわせている人でしたが、先週のセッションで報告された夢には、おいしい料理を山ほど食べて、すぐ二階から落ちて骨折する夢が登場したりしたことを、私はここで思い出しました。何かを飲み込む気持の悪さ、そういうようなものがここに表現されているようでした。そうしたものが、この日の彼女の出来過ぎのストーリーからは排除されているようで、私は納得が行かないのでした。

おそらく彼女からすれば唐突に、私は彼女が金魚について何も連想していないことを持ち出して、『この友だちについて、あなたは何も言いませんね。何も考えることはないんでしょうか？』というふうに尋ねました。何も出てきませんでした。彼女は、その後、やや硬い沈黙に陥りました。この金魚を飲み込む貪欲な友だちという要素を彼女は夢見ることができないままに残してしまったのだと私は思いました。腑に落ちないものを感じ、妙に気にかかったまま時間が終わりました。

水曜日のセッションでは、彼女はカウチに横たわるとすぐに『いや、今日は大変忙しいのでせかせかしています』というようなことを言います。実際、玄関に入ってからカウチに横たわるまでも、なにか、幾分せかせかしていました。しかし、私が彼女の忙しさについて尋ねてみても、この日の彼女の仕事が実際としてそれほど忙しいものであるようには思えませんでした。

もともと彼女の仕事は、急に仕事が飛び込んでくるようなものではなく、一日のスケジュールはだいたい決まっていましたし、彼女がせかせかするということと、仕事の忙しさにそう結びつきがあるように私は感じませんでした。

私は、彼女が忙しいということがピンと来ないこと、自分が忙しいと思うことが、彼女にとってなぜか必要なことらしいということを解釈しました。すると、彼女は、余裕があると落ち込むこと、始終早く早くと思っていることを連想し、それを母親と結びつけました。

母親が、幼いときから絶えず彼女をせかしていたことは、すでに何度も語られました。それが語られるのは目新しいことではありませんでしたし、そのせかしていたことによって、彼女がいつもせかせかするような人になってしまったというようなことも何度も話されていたのです。母親の取り入れとしてそういうことを語るということは、とても多かったのですが、それは、私からすると、偽りの洞察、それ以上ものを考えないようにするための決まり文句ふうに感じられていました。

私は、ここでまた同じような母親への結びつきが出てきたことに、幾分うんざりしました。ところが彼女は、ここで、いままでとは違った方向に連想を進めていきました。それは、自分は人とはかかわらないために人を振り切るために急いでいるという新しい考えでした。彼女が自動的に母親と同じことをする自分を前提としているのではなく、自分がせかせかすることを、自分自身のために、自分自身で生み出しているやり方として語っていることに私は気づき、それを新鮮だと感じました。何か新しいことが起きているようだと私は思いました。

そして、「振り切らないとどうせ嫌みを言われると思っているのかもしれない」と、彼女は連想しました。ここから、相手とのズレを意識すると嫌みを言われるという連想に移り、やがて彼女の職業生活で絶えず繰り返された、ズレを埋めるために無理をして密着的にかかわろう、迎合的にかかわろうとすることよって、結局は関係を壊してしまうという話につながってきました。ここで、彼女は少し沈黙しました。

彼女はまた口を開いて、「自動的にズレを埋めようとする努力のために、自分が機械のようで、生きていない」というようなことを言いました。私は、せかせかとする疾走感によって、偽物の生きている感じを得ようとしているのだろうか、ここでも、常日頃、彼女がほとんど沈黙をしないのはそういうことなんだろうか、とつぶやきました。

すると彼女は、さらに長く沈黙しました。ようやく口を開いた彼女は、小学校に入る頃から、小学校三年生頃まで、家の近くの公園の池のそばで何時間も水面を見て過ごしていたこと、あるいは、通学路からすこし入ったところにある原っぱで雲と空をずっと眺めていたことを語りました。初めて聞く話だと私が言うと、彼女は『しばらくそういうことを思い出したことはなかった』と答えました。そして、彼女は思いを込めて『あの頃は良かった。自分が自分とつながっていた』と言いました。池のそばや原っぱで、風景と交わりながら、彼女は「生きて」いたのでした。

彼女は沈黙しました。ふと見ると泣いていました。そのまま時間になりました。

木曜のセッションが始まると、彼女はすぐに話し出しました。

昨日、セッションの後で、昼過ぎまで、小さいときのことがどんどん浮かび上がってきました。それは、彼女にとって驚くような体験でした。彼女は、五歳のときに弟が生まれたときのことを語りました。あのときは寂しかった、池で何時間もアメンボを見ていた、池のそばの木から葉が落ち、それが水面で動く様子をひたすら見ていた、などと彼女は話して行きました。昨日初めて語られた池や原っぱの体験が、弟の出産と結びついていることを、彼女は見い出していました。

同時に、こうした話は、私にとってすべて初めて聞く話でした。その頃の彼女について、いままで彼女は、ぼうっとした子どもだったと他人事のように描写するばかりであり、弟の出生のときのことも、あまり連想が広がったことはありませんでした。その頃の時期の心的現実に彼女はいままでリアルに触れていなかったのだと私は思いました。そして、いままた、初めてそれに触れつつあることを感じました。

彼女は次に、『きのうの夕方の会食のときには妙にテンションが上がったんだけれども、帰って眠ってしまって、夜中にふっと目覚めたら、自分が小さいときに見た夢を思い出した』と語りました。その夢で思い出せるのは、池か沼みたいなところで水のなかに人らしいものが沈んでいることがぼんやり見える映像だけで、それは夢なのかどうかもわからない。単なる空想かもしれないし、本当に見たのかもしれない。わからない。だけど、それは何かとても印象的だ。彼女はそう話しました。

私は、その沈んでいる人物は、母親の死体なんだろうか、弟の死体なんだろうか、あるいは、彼女自身の死体なんだろうか、と考えていました。やがて、彼女は、弟の出産のときに、母親が『入院するよ』と彼女に伝えた途端泣きわめいた光景と、入院中、彼女の世話に来た祖母を拒絶したことを話していきました。

すると、彼女は、夜中目覚めたあと、また寝ついたとき夢を見たということを話しました。玄米茶の急須がゴミの中にある。急須の中にごちゃごちゃ玄米茶が入っている。その急須は母のものなので、それは拾ったんだけれども、現在の年齢の母が出てきて『もういらない』と言う。

急須は、母親のおなかなんだろうという連想が、私には浮かびました。母親の生産性とその破壊についての夢なのではないかと感じました。弟の出産の頃、彼女の思い出していることと、その夢は繋がっていると私は感じました。その急須はゴミの中に捨てられたことを発見したということは、彼女の母親の生産性、母親の体にいる妹への強い怒りとそれへの償いというようなことと繋がっているような気がしました。

私は、そうしたことをうすうす考えていましたが、うまくまとまって何かを言うことは難しそうでした。彼女は、夢についての連想を促してもほとんど興味を示さず、また、過去の追想に入っていきました。あの頃のことがいますごく鮮明に思い出せる、人は登場しないけれども、自分はすごく生き生きしていたかもしれない、自分はぼうっとした女の子で、池や空を見ることが好きだった。それが自分だった、と彼女は語るのでした。

また、小学校の二年のときに、ヘチマの栽培で貧弱な実しかつけられなかったんだけれども、それをからかわれ、黙っていたら友達に絡まれたという記憶を語り、自分はからかわれても無力で怒ることができなかったという連想をしました。

私は、この無力で怒ることができなかったというところから、現在の彼女の、きちんと自己主張できないということの原型を見るような気がしました。私は彼女が自己主張するにはすでにあまりに、死にたいほど絶望的だったのだろう、という考えをもちました。池のなかの死体という素材が私に影響を与えていたのでしょう。私は『あなたは、そのとき死にたい気持ちを感じていたのでしょうか』と言いました。そうすると彼女は『きっとそうなんだろうと思う』と答えて、その後沈黙しました。

やがて、彼女は、おそらくその頃だと思うが、金魚を飼っていたんだけれども、それが死んだとき、薪で十字架をつくって埋めてやったという話をしました。もし、彼女がそうしなかったら、母親は金魚をちり紙にくるんでゴミとして捨ててしまうだろうと思ったのだと彼女は言いました。だから、その前に埋めないといけないと思って、彼女はひとりで頑張ったのでした。彼女は、薪をどのように手に入れたか、そして、どのように十字架をつくったのかを克明に説明していきました。

その作業について語る彼女の話しぶりは、ある意味とても手際が良くて、まさにひとつの作業のようでした。彼女がいまここで喪を営もうとしているが、それはそのまま十分に悲しまれる代わりに、忙しくせかされて働いているような仕事の形で為されていて、十全に夢見ることが制止されているようだ、と私は思いました。そうして夢見ることや情緒的に喪を十全に営むことがこの人には耐えがたいことなのだろう、と感じ、私はある種の痛ましさを覚えました。

金魚は弟の出生に怯えるあわれな彼女の部分でした。弟の出産に直面して、彼女は金魚を飼うことで、自分自身の苦しみを癒そうとしていたのでしょう。その金魚が死ぬと、金魚が弔われること、喪を営まれることもなく、物として母親に捨てられる可能性がありました。それは、弟の出生にまつわる彼女の情緒的体験が母親によって夢見られず、考えられず、ただの具体的な物として捨てられるということなんだろう、彼女の情緒的体験は母親によってついに夢見られることがなかったんだろう、ということを私は考えていました。

ここで私は火曜の夢の丸呑みにされた金魚のことを思い出しました。あの夢のなかの友だちは母親のことのようでした。心的に処理することなく、ものとしてまるごと彼女のこころを呑みこむことで、彼女の苦しみを処理していました。それは、その母親と同一化してせかせかする彼女でもあるのでしょう。

ここにきて、週の初めに夢見ることをしそこなった金魚の夢にまつわる情緒的体験も、この一週間のうちに、彼女はかなりの程度、夢見ることができはじめているようだ、と私は感じました。その夢見の端緒も機械的に変形しないわけにはいかない、つまり母親に同一化して「処理」するしかない彼女がいましたが、それでもなお、彼女は弟の出生、自分や母親や弟への攻撃的なものを夢見ることができ始めているようでした。そう感じていたので、私はこの金魚について何も解釈はしないまま時間が来ました。

そろそろ、弟の出産のことが出てこなければいけないような時期に来ていたのでしょう。月曜のセッションはある意味、反復的なセッションでした。私は微妙に苛立っていたようです。その夜に見た夢の切迫した感じは、そのことへの反応でもありました。むりやりに何かを考えさせられていると彼女は体験していたのでしょうし、同時に何かを考える時期に来ていることも彼女はわかっていたのかもしれません。

弟のことを考える最初の取っかかりが、その夢のなかのあの金魚だったような気がします。その夢のなかで出てきた、その金魚の部分だけを、火曜日のセッションで彼女は連想できなかったし、考えることができなかったのです。それで、それは私のほうに持ち込まれて、私がそれを考えなければならなくなりました。

私はその圧力に耐えられず、そのセッションで性急に彼女にそのことを考えさせようしています。しかし、彼女はそれをそのときには受け入れません。だけれども、おそらくこのことは、その後彼女が進展していくために必要なきっかけになったかもしれません。

水曜日になると、再び夢見ることができない彼女が戻ってきます。索漠とした世界がうわーっと前景に出てしまいました。忙しい、忙しいと言って何も考えず、何も夢見ない彼女です。ここで私が『現実には、あなたは忙しくないはずだ』と言って、彼女が夢を見るキャパシティーを持っているんじゃないかという意味のことを言います。

そういうことを私が言ったことによって、彼女は次第に、弟の出生という彼女の人生のなかでもおそらく最大の危機による外傷的事態を夢見ること、単なる物や事実として放り出すのではなく、パーソナルな情緒的意味を与えて考えることが可能になる方向に進展します。つまり、池や原っぱでの体験がよみがえり、彼女がそうした外傷的事態をひとりでどのように夢見ようとしていたか、ということが明らかになってきます。

木曜になって語られた、池のなかの死体の映像も彼女が弟の出産にまつわる事態を当時彼女なりに夢見ようとしていたことのあらわれでした。そして、彼女は、彼女は金魚の死と埋葬にまつわる記憶を想起します。ここで火曜日の夢のなかの夢見られていなかった、丸呑みされる金魚という要素が、彼女と私とによって夢見られることが部分的にでき始めてきます。そしてその二人の夢見を、時間があれば解釈したかもしれませんが、あえて解釈する必要はないと思い、そのままにしました。

つまり、彼女と私のあいだで夢見られているという事態をそのままにしておくことを私は選ぼうとしています。彼女が夢見られなかったものを夢見ることができ始めたという事実こそ、とても大事なのであり、その夢がどのような意味か、つまり、丸呑みにされた金魚と埋められた金魚とには関係があるといった内容解釈をすることには、あまり意味がないような気がしていたからです。

この後、ここから後の半年間ぐらいは、弟の出産に関する非常に重要なスクリーン・メモリーが次々と出て来ましたし、彼女の実生活でも生産的な変化が生じてきました。

時間になってしまったので、このケースについてこれ以上討論する時間がありません。

一言だけ言えば、これは、「夢見るということは、どんなことなのか」ということを考えるにあたって示唆的な素材です。同じ夢のなかに、夢見られている部分と夢見られていない部分とが共存していて、その手応えに分析家が惹きつけられ、徐々に患者とふたりで夢見られていなかった部分を夢見ることができるようになる、そういう素材だったのだろうと感じます。

討論

松木　大変面白いケースをありがとうございました。週四日のセッションが、そのまま提示されて、皆さんも大変興味深い、なかなか聞けないものをお聞きになった、いい機会だったと思います。

いかにこの患者さんがセッションのなかで夢を見ることができるようになったかということを、非常にきれいにイラストレートしていただいたと思うのですが、二点ほどお尋ねします。

一点は、理論的なものなんですが、ウィニコットの「生きていることと *living*」が、ビオンの言うグリッドC水準の「夢思考－夢－神話水準」につながる〈ポテンシャル・スペース〉というウィニコットの概念化したものと重なるというふうにお話しされたと思うんです。

これは、「生きていること」というのをどうとるかということにもよると思うのですが、living＝dreaming というふうなことには、単純にならないですよね？　その living が dreaming になったときに、〈ポテンシャル・スペース〉がそこに生まれて、そこで、それこそ生きたあり方をできるんです。けれども、living が、本当に生きていることにはならないということもあるということですよね？　それが phantasying になるということですよね。このように、living というのがそのまま dreaming なのではない、というふうに考えていいんですよね？

藤山　ウィニコットがlivingという言葉を使っているときは、たいていのdreamingということが起こっていると思います。パーソナルな、シンボリックな意味の世界を人が創造したり、コミュニケートしたりしていているような、そういう世界を言っていると思うんです。自分に対してもちゃんとコミュニカティブであるような。ただ、彼はそれを「生きている」と言っています。だから、そうじゃなくて、ただ生物学的に生きているのは、きっとlivingではないわけなんですよね。そういうことだと思います。

松木　何なんですか、それは。

藤山　え？

松木　生きていることじゃなかったら、何なんですか。

藤山　死んでいる。

松木　死んでいることなんです。

藤山　デッドなんですよ。デッドな心的生活を送っているんです。

松木　死んで生きていることなんですよね。

藤山　そうそう、死人なんです（笑）。

松木　ありがとうございます。

松木　もう一点は、プレゼンテーションしていただいたケースについてなんですが、この女性が夢見ることが出来るようになっていくというところは、よく理解できて、私もそこはついていくことができたのですが、この人が夢見ることが出来るようになるということは、この女性の内側だけで夢見るだけではなくて、先生を含むその面接の場面が、夢の場面になるのではないかなというふうに私は思えるんですよね。

つまり、いわば、面接室の中の先生が夢の備品 *furniture* になるんだと思うんです。そういう視点が入るということになると、つまり、私の言っているのは、要するに、そこに転移が繰り広げられる。面接の場が、分析の場が、転移の場になるということが起こると思うんです。

そうしたときに、火曜日にこの方が夢を持ってきましたよね？　親戚の子どもたちとお芝居に行くけれども、チケットがないという夢を持ってきましたよね？　そして、バスに乗って、高級ブランドのバッグも見に行くとかいう話があったり、それから、重要な金魚の入っているジュースの話があったりするんですが、私はこの夢を聞いていて、バスに乗って高級ブランドのバッグを見に行くという、その高級ブランドというのは、私は藤山先生のことだと思ったんです。出かけていって、立派な分析家に会うということというね。

そういうことだというふうに私は理解して、そうすると、結局、でも家に帰ってみたら、そのチケットがあったと。だから、それで、子どもたちが喜んだという話があるんですね。

子どもたちというのは、この人の子どもの部分を表していると思うんです。ですからそれは、彼女が、藤山先生のような高級ブランドに介入してもらわないと、自分の子どもの部分にかかわれないと彼女は思って、分析に来たりしているんだけれども、でも、それは、直接、自分で自分の子どもの部分にかかわるしかないという、そのことに気がついたという。何か、そういう夢であり得るような気がしたんです。

それは、金魚の入っているジュースという、金魚も、上等な金魚になると、高いものですよね？だから、金魚の入っているジュースを飲むというのは、私は藤山先生の解釈が金魚かと思ったんですけどね。藤山先生の解釈をジュースに入れて飲むわけだから、甘く味つけして何とか飲み込むというね。

だから、そういうふうに、先生の解釈を飲み込むようなことを、この人はしてきたということを言っているし、もちろん、そこに母親転移があって、だから、藤山先生が母親であって、母親は非常に高級な存在であって、それを無理に飲み込むという転移が、その先生とのあいだで再現している状況です。でも、それよりも、やっぱり自分で自分の子どもを世話することが本当に何かをもたらすと彼女が感じていることを、この火曜日の夢は伝えているのかなというふうに私は思ったんです。

そう考えると、金曜日の、この人が、金魚が死んだときに薪で十字架をつくって埋めたという話があるんですが、これは、結局、そういうものを自分で対処したという話です。だから、この金魚というのは、さっきから言っているように、藤山先生でありお母さんであるものだというふうに思うんです。そういう人が、金魚が死んだとき、つまり、そういう、この人が依存する対象が不在のとき、これは、妹の出産のとき、母親は不在だったわけですよね。その母親の不在に対して、彼女は、その子どもの自分は、そこに苦しんでいる子どもの自分がいるんだけれども、その子どもの自分を助けるというか、モーニング・ワーク *mourning work* を手伝うのは、治療者ではなくて自分自身だという、そういうことに気がついたという、そんなストーリーがあるのかと思ったのです。

勝手な解釈ですが、いかかでしょうか。

藤山　そうかもしれないですね。そうかもしれないとしか言えない。たしかにこの火曜のセッションでは、いろんなことを考えられると思います。その高級ブランドでいちばん私が連想したのは、この人のブランド品買いの生活でしたので、やっぱり偽物の満足とか、そういうことがここに起きているということの示唆なのだろうか、とか、お芝居が私のところに来るということだとしたら、だとか、いろんなことは確かに考えられるし、すこしはそういうことも考えていたようにも思います。はっきりしませんけどね、ずいぶん前のことだから。

でも、やっぱりこのセッションでいちばん私が意味があると思ったのは、そういうふうに、この人の語ることとこの場の状況を一対一に対応して当てはめていくようなやり方でこの人と私とのあいだに起きたことをストーリーとして読むということではなかった気がします。というか、私のなかに強い体験としてあったのは、「なぜ、『この金魚というのは何なんだ』ということが、この人に考えられない」ということであり、それが自分のなかに強く残ってくる、というその体験なんですよね。患者は自分が夢見られないものを、精神分析によって夢見たいのだろう、と私は思ったわけです。

そして最終的には、先生がおっしゃるように、金魚は弟の出産のときに飼っていたものであって、そして、それは、金魚が死ぬということと、死体とかそういう死の感じというのは非常に繋がっています。そういう、この人が、彼女が、弟が生まれたときに死のギリギリまで行ったんだということについて、全体的にはこの人が伝えてきている夢なんだろうというふうには思ったのですが、私は、きっと、そういうふうにいちいち考えていないふうな感じなんですよね。そこが、臨床素材との付き合い方が、先生とはちょっと違うのかもしれない。

松木　だから、このときの私のほうの話で示そうと思うんですけれども、そういうクライエント、患者さんが、夢を示したときという場合には、その夢がそのままこちらとの関係に今あるのかもしれないというふうな視点を、私のほうは持ち出すことがあるんですが、あんまりそんな視点では、先生は……。

藤山　この一週間の素材全体に、私は転移解釈というものをあまりしていません。ふだんはもっとしていると思いますし、もちろん明らかにそうだと思えるような夢は解釈しますし、それが差し迫って重要ならそうするべきだと思います。ただ、その決断は、そのときの内的なこちらの、そのときの体験によると思うんです。

つまり、セラピストは夢の備品でもあるし、この人の転移対象でもあるけれども、同時に、やっぱり患者とは違う自分なりの考えを生み出す誰かとしてもいるわけです。ふたりで共同でひとつの夢をみるその主体でもある。無理に転移解釈をしようとして、自分を転移的な状況の一部として考えよう考えようとすることのないように、基本的に私はしています。患者の対象世界の部分としての自分なのか、それとも、ひとりの主体としての自分なのかということのあいだで、セラピストというのはいつも揺れていると思います。その揺れと漂いを自然に生きられたらと思うわけです。そこの力点の置き方なのかなという感じがしましたけど。

松木　なるほど。それは確かにそうですね。おっしゃるところですね。

講義 II

精神分析という夢のとき

松木 邦裕

ここで私が示したいのは、精神分析とは、精神分析空間のなかのその二人がそこで「起きていながらひとつの夢を見ている」ことではないかという考えです。

理想の精神分析セッションとは

分析に来るアナライザンドは、普段の生活のなかの彼／彼女としてやってくるわけですが、分析の時間は、その日常生活のときからすっかり変わって、その面接室にいる二人にとって、ひとつの夢のなかにいるような時空間として過ごされます。そして、その分析セッションが終わるとともに、夢から醒めるような、いつもの日常的な彼／彼女に戻って分析から帰ります。

この流れが、分析のセッションの過ごし方として理想的と言えるかもしれません。

カウチと自由連想法を使った精神分析的心理療法にいた三十代後半女性が、次のような夢を見たことを語りました。

私は電車に乗っていて、座って何らかの書類を読んでいます。その文書は、すでに利用された文書の裏紙を利用したものでした。近くに五十代の男性が立っていて、その人が私の書類を持っているのを発見します。気がついたら、その人が私の書類を持っていたのでした。

それを私は立ち上がって取り戻しました。そのときなぜか、その裏表印字したものは自分の手許に戻ってきたのだけれども、表が白紙のものは取り戻せませんでした。

次に、私は電車を降りて、二人の女性の友人と店に入りましたが、そこで取り戻した書類を見直すと、その書類の表には私のプライバシーのことが書かれていることがわかったのでした。だから私は「取り戻せた」ことに安心しました。

しかし、それらの書類の裏を見ると、父親のかなり昔のプライバシーが書かれているのに気づきました。よく読むと、それが父親のプライバシーだということがわかるものでした。そこで、書類の一部を取り戻していないことに不安を感じました。

最初に夢についての連想を尋ねたところ、彼女は「ああ、これは夢だ」と途中で思っていた、と言います。それから私はこの夢について解釈したのですが、それは、近くにいる五十代の男性というのが私だろう。だから、電車の中というのはこの分析室だろうと。そして、「私がこここであなたの話を聴くことが、あなたのプライバシーを知るし、お父さんやご家族のプライバシーを知ることとして、ずいぶん、あなたがそれに不安なっています。そして、まだあなた自身は意識できていないあなたやあなたの家族についても、私は知ってしまっているとも感じているようです」といったことを解釈しました。

彼女からは、こころに浮かぶことを自由にそのまま語ることの難しさがしばしば語られていました。しかし最近の面接のなかで、「面接のなかでこそ、自分について考えることができている。外の普段の生活では、それができていない」と気がついたと彼女は語りました。それとともに、ここが現実であると感じると付け加えました。ここというのは、分析室の中です。カウチを使っていますから、横たわって話すという非日常的な姿勢で自由に連想を語るのですが、分析室の中こそが現実であると感じますと、この女性は言いました。

それを聴きながら私は、まさに「分析のなかを現実であると感じる」ことが、精神分析セッションでこの女性が〝夢見る〟ことができるようなったことなのだろう、と理解しました。私たちは、寝ているあいだに夢を見ているときは、それを現実だと思っています。夢とは思っていないですね。

彼女に、この〝夢〟という現実、すなわち〝こころの現実〟が実感されるに至りました。そして彼女はこの夢を語ったのでした。

夢を語るという形式ですが、それを通して何故に分析の中で自由に語ることが難しいかを私とともに見ていく機会を彼女は提供しています。分析空間の中で、ふたりの作業として彼女のこころの現実をみていくことが自然なことになりました。

なにが起こっているのか

フロイトは夢の目的を〝願望充足である〟と言います。その代表は生理学的な願望である「眠る」という営みを保つための方法だ、ということです。

となると、夢には心理学的には意味がないということになりますが、もう一方では「夢は無意識への王道である」ということを言っているのは皆さんご存知のところです。しかしながらフロイトは、王道とは言え、夢を「うっかり漏らしている心的活動」である、と言います。うっかり漏らしているということであって、決して夢が積極的に無意識の内容を伝えているわけではない、とのことをフロイトは言っているのです。

フロイトによる基本認識

ですから、夢は、〝無意識の内容〟と表現されている思考の、ひとつの特異なかたちだと捉えることができます。

フロイトは「顕在夢 *manifest dream contents*」（我々が寝ているときに見る夢）は、実はその「潜在内容 *latent contents*」（夢思考 *dream thoughts*）を含意している、というように言っています。そして、夢思考（潜在内容）――本当に考えていること――は顕在夢では抑圧されて、すなわち検閲をされて、変形されて、わかりにくくなっているので、夢が含蓄する思考を知るには〈解釈〉が必要だ、というふうにフロイトは考えたのです。

ですから夢についてフロイトは、無意識の思考を隠蔽するための方法が作動しているものであると、「顕わにする」のではなくて「隠蔽している」とほうに、力点を置いたのです。

夢を研究するなかでの体験

なぜなのかフロイトは、一九〇〇年を中心に置いた二十年間に、次の三つのことを実施していました。「なぜなのか」というのは、私にはこの同時期にこの三つのことがなされていたのが、きわめて適切ながらも、奇跡にも、不思議にも、必然にも思えるからです。

ひとつは「夢の研究」です。

フロイトの最初の単著『夢の解釈』“The Interpretation of Dream”には、有名な「イルマの夢」をはじめ、フロイト自身の夢がいっぱい載っています。フロイトは夢の素材として無意識の構造の解明という研究に従事していると、意識的には自らの作業を認識していたと思えますが、結果としてそこには、夢を通して自己分析をしていたところがあるのです。

もうひとつとして、フロイトより年長の耳鼻科医「フリースとの書簡の交換」をやっていました。

フロイトはフリースに宛てて、自らの考えや思いを頻繁に書いて送るのです。即時的なやりとりができる電話やメールと異なり、手紙では相手の応答は次に返事が来るまでありません。フリース宛てに手紙で自らの思いを書き送るフロイトは、まさに黙って耳を傾けてくれる仮想アナリスト、フリースに語っているようです。このようにフリースが分析家みたいな立場に置かれて、フロイトは自己分析をしていました。つまり、無意識にある彼自身の考え、あるいは感情を知るという作業をやっていたわけです。

そしてもうひとつ並行して、臨床活動として「ヒステリーの心理治療」をやっていたのです。ヒステリーの身体症状や精神症状、つまり手足の麻痺、失声、解離とか朦朧状態とかとして表されている、いわば、その背後にある無意識の考えの探求です。その背後に「葛藤」あるいは「無意識の感情」があると考えて、そこを意識化させることで症状を取り除くということを、フロイトはやっていたのです。

三つの体験にあるもの

この三つの体験に共通する点があります。

まず夢についてですが、夢には「物語性」があります。それがいかに荒唐無稽なものであるとしても、夢にはある種の物語性がありますね。

そして、夢というのは基本的に視覚的なものです。馴染み過ぎていて当然のように思われているのかもしれませんが、見える形で体験されるものです。そして、そこに「象徴」が作動しているのです。夢に現れている事物の象徴性を通した無意識的思考の理解というのは、古典的な精神分析の方法であったのはご存知のところです。巷に聞く夢占いといったものも象徴解釈が多いようですね。つまり、夢というのは、「物語性」と、「視覚要素」と、「象徴」という、この三つが繋がってある思考を表現しているのです。

大学入試試験の会場で問題を自分が懸命に次々と解いているという場面の夢をときどきみる人もおられるかもしれませんね。夢を見ている最中はとても緊迫した苦しい思いでしたが、目が覚めた後に考えてみると、すでにその大学は合格して卒業さえしてしまっていると、おかしいなと笑いたくなるかもしれません。この夢の思考はひとつの概念で表現するなら、「杞憂」とか「応報」とできるかもしれません。

次に、ヒステリー症状です。

ヒステリーの身体症状、たとえば、足が動かないとか、水が飲めないとかいう症状には、「象徴」が関与していることをフロイトは発見しました。フロイトのヒステリー症例、エリザベート・フォン・Rは両脚の痛みと知覚麻痺に陥っていましたが、その脚の箇所は病気の父親を看病するときに使っていた箇所であり、そのときに解放されたい思いを抱いていたことへの「良心の呵責」を象徴していました。

ヒステリーの人には感情や思考の誇張がみられます。それは、ある種、自分のあり方を劇化しているような、つまり、劇場の舞台で物語化をしたようなあり方をみせます。ここに「視覚要素」と「象徴」と「物語性」が認められます。

精神症状の朦朧状態とか解離というのは、私たちが夢を見ながら寝ぼけているときと同じ、いわば起きて夢を見続けている、夢をそのまま生きているときです。

こんなふうに、夢とヒステリーのあり方には、きわめて共通する点があるのです。

もうひとつのことに進みましょう。フリースへの手紙です。

この書簡交換は、フリースという実在する人物との間の現実の行為でしたが、そこには無意識の含みがありました。というのは、フロイトは明らかにフリースに父親を〈転移〉していて、その父親の理解を求めるし、父親に自分の気がついたことを伝えるという。分析家に父親転移が起こるように、フリースに父親転移を起こしていたということです。

このことは今日、共通認識になっています。つまり、フリースはフロイトにとっては父親を「象徴」していました。そして彼は意識することなく、つまり無意識にフリースの対応を脳裏に想像する日々を送っていたのでしょう。つまり、「視覚化」と「物語性」によるふたりの関係を作っていたのです。

選択された要素

このようなわけで、ヒステリーと、夢と、転移現象（フリースとの体験）には共通する要素が、こころの意識部分と無意識部分の関係において見られます。つまり、象徴、視覚化、物語性という選択された要素が組み合わされる形で目の前に展開している現象、つまり夢やヒステリーの症状や転移のことですが、それらは意識的には認識されているのです。しかしそれは、無意識ではひとつの概念に収まるもののようなのです。

入試の夢での「杞憂」や「応報」、ヒステリーのエリザベート症例での「良心の呵責」のように、です。つまり、意識的に認識される思考は、言ってみれば、独特に拡散、散乱、あるいは希釈されているのです。隠蔽ではありません。

ただ、フロイトの捉え方は、すでにお話ししたように、異なっていましたね。かつて意識化されていたある概念、たとえば「杞憂」や「応報」、「良心の呵責」が、象徴化や圧縮、逆転などの心的機制によって「変形」をこうむって、抑圧されて無意識的な思考になると、隠蔽作業に力点を置いて捉えたのです。

そうすると、隠蔽されたものの含むヒントから真実を解読するという、シャーロック・ホームズの探偵式発想と近いものになります。実際フロイトは、夢を解読するようにヒステリーを、転移(神経症)における「変形」を、解読することで無意識を意識化できて、それが治癒に繋がる、というように考えました。

さて、もうひとつの例を示してみたいと思います。激しい不安を体験しやすい二十代女性です。

彼女とは夜のセッションを持っていましたので、この人は分析に来るのに夜七時に家を出ました。ここからは彼女の連想です。

家にいるときは何ともなかったんだけれども、家を出たら、外は真夜中の二時か三時みたいな感じで、そこにいる人たちもとても不気味で、やくざのような反社会的な人やものすごく気味の悪い人がいるようで恐ろしくて、ものすごく怖かったと、そのセッションのなかで語りました。その一方で、「まだ遅い時間じゃないとはっきりとわかっている自分もいるんだけれども……」とも言いました。

そして、そのセッションのなかで、夢を語ったのです。

今の自分、つまり二十代の自分が、出身小学校を訪れて、学校の玄関口に立っている。女性教師が訪ねて行った自分に対応するが、許可証が無いから中には入れられないというふうなことを言ってきます。そして見ると、玄関口の隅に、古い鉄パイプとハサミが置かれていて、それで、彼女は、こうした鉄パイプとかハサミは危ないから片づけるように、と言いました。

この時点においてこの女性は、生活状況において二重の自分を体験しているような状態にあったのです。つまり現在の年齢の働いている自分と、幼稚園から小学校一、二年ぐらいの彼女自身です。当時の彼女というのは、大人からも友だちからもからかわれていじめられ相手にされなくて、彼女自身もかなりエキセントリックに振る舞っていたようでした。そういう両方の自己が、実際の生活のなかで体験されていたのです。

それは、私とのセッションのなかでもそうでした。たとえば、そのセッションが始まってカウチに横になったときに、リラックスしている感覚があるのに、一方では私が暴力的に見えて怖くて、体がものすごく緊張して、力が入っている自分を感じているという、そんな状態でした。私がそんな暴力的なことをするはずがないという気持ちは確かにあるんだけれども、身体は違っていると言いました。

この女性においては、セッションのなかもそうだし、来る途中においても、自己の子どもの部分と大人の部分の両方で外界を体験しています。そして、現在の彼女が出身小学校に行くという夢が持ち出されていますから、夢においても、そういう小学生の頃の自己と今の大人の自己という双方が現れています。

こんなふうに、クライエントが日常的外界で体験していることと、分析セッションの中で体験していることと、夢のなかで体験していることが、ほとんど同じ水準で体験されているという場合があります。それは、さきに示しましたように、ヒステリー症状と、夢と、転移とが同じ質のものだということの、ひとつの例です。彼女の大人の自己の機能である意識的なこころの活動は現実の体験を現実原則のもとに感知し、理解しています。ただそれと同時に、彼女の子どもの自己は、視覚要素や象徴がはたらいている恐怖のストーリーを、今のこととして生きています。

ここで、「夢こそが、何が起こっているのかを示してくれている」というところに注目したいと思います。

夢は現在の大人の彼女がかつての小学校に行くのです。つまり、分析において彼女のこころが子ども時代に向かっていることが表されています。しかし、そこに女性教師が現れ、中には入れないというのですから、それは彼女の超自我部分か母親対象がこの退行を拒んでいること、つまり分析的に表現するなら内的抵抗が作動もしていることが示唆されています。そして玄関口の隅に、古い鉄パイプとハサミという危険なものが置かれていますので、小児期に戻ることに去勢の脅しが予見されていることがうかがえます。というのは、分析に来た最初の頃は、彼女は自分の子ども時代は全く問題がなかったと思っていたのです。自分の子ども時代については、友だちとそれなりに仲良く過ごしていた全く問題がない子ども時代と思い語っていたのです。しかし今や、その時代の困難が想起され、見えてくるのではなく、まさにいま体験されるようになりました。

これは、解離のように切り替わるのではないのです。一度に二つの世界、外的現実世界と内的なこころの世界を体験しているのです。彼女は、幼児期から小学校低学年あたりの自分として、セッションでの私との関係や外での場面での恐怖感を体験していると同時に、大人の自分として、二十代女性の自分として、現実的なふるまいもしています。どちらも生きているとい

うことなのです。藤山先生が使われたポテンシャル・スペースという表現を使うなら、現在の生活全体が、生き抜いてはきたがその実感ある体験を排除したままに過ごした小児期を行き直す機会を提供するポテンシャル・スペースになっているという感じかもしれません。

そのときに夢は、私たち、すなわち治療者とクライエントが協働してこころの世界を見ていくことをサポートしてくれるものに位置づけられるでしょう。ただし、そこで治療者が夢をどのように理解するのかが、そのサポートの質を規定します。精神分析臨床におけるそれをこれから見ていきましょう。

その前に、夢の絵を見ましょう。この絵はフロイトの有名な症例である狼男／ウルフマンが幼児のときに見た夢ですね。フロイトがこの夢から、小児神経症、のちには大人の強迫神経症を引き起こす起因となった幼児のウルフマンが原光景を目撃した状況を再構成し、ウルフマンに伝えました。それが当時のフロイトの夢を使う分析技法でした。

すでに述べた初期の象徴解釈的技法より、「視覚要素」と「物語性」を含めたものであるという意味で、技法的に進展していることは明らかです。しかし、転移がそこには含まれていないことにも、皆さんは気づいておられるでしょう。

精神分析臨床における夢

さて、今日の精神分析では、いわゆる「夢分析」というものはしません。夢だけを取り出して象徴理解を使って分析するということは、まったくしないのです。それは、一九三〇年代には終焉を迎えていました――今日では、「夢を分析するのではなくて、夢見る人を分析するのである」〔Hanna Segal『夢・幻想・芸術』1991〕とスィーガルは極めて明確に述べています。

私たちは人にかかわっているのであって、夢を含めてその人から表わされているものを、私たちが理解する作業を一緒にやっているのです。

そのときに、やはり、その人のこころの体現である〈転移〉という概念を持つことができているか、できていないか、という点は重要です。たとえばユングは、〈転移〉という概念を臨床に活用することができなかったというところもあって、その人に直接にかかわる術《すべ》がわからないままに夢や絵といった派生的な間接のものにアプローチしたのでしょう。分析心理学にはその伝統があるので、夢見る人を分析するという発想にいまだなっていないところがあるのではないかと思います。

「思考」としてとらえる

ビオンの考えがこれからは中軸になります。

フロイトは夢は潜在的な思考――この場合は概念ですが――に還元されると考えたように、夢はその人の思考であるということです。フロイト的に言うなら、抑圧された思考である、と言えるでしょう。

この写真はビオンです。晩年のビオンはなかなか立派そうな雰囲気ですけれども、この人は、ちょっとカナブンに似ているんですよね。正面から撮った写真は大型のカナブンにそっくりなんです。ニーナ・コルタートは、バシリスクという空想上の怪物で睨みつけてくるものに似ていると言っています。小学校の頃、昆虫採集でカナブンをよく採っていたから、何か懐かしい感じがするんですが……。

ビオンがフロイトと違うのは、私たちが現象として「見ている」と表現する夢そのものが、ある水準での「思考」であるととらえているところです。夢は独特に散らかった現象とも言えるのかもしれませんが、象徴、視覚化、物語性という選択された要素が組み合わされるかたちで成立している思考である、とビオンは理解しました。

夢はちょうど、具体物と、抽象的なものを表しうる「概念」や「数学式」みたいなまったく抽象的なものとの中間にあるような思考であるということです。ですから「夢」の思考というのは、抽象度の高い思考である概念に収めたら一言で済むわけです。

そうです。「夢」というのは、「〈視覚要素〉が際立つ、〈物語〉のなかに出てくる〈象徴〉」という、三つの要素が組み合わさって使用されるかたちで成立している思考なのです。実は、「神話」もこの水準の思考です。

たとえばフロイトは「エディプス・コンプレックス」というものを概念化しました。それはコンプレックス、すなわち複合という概念で表現されているように、性愛的愛着、競争、去勢恐怖という三つの概念の複合です。それは、人間の本性（という抽象概念）の要素です。

けれども、それを〝夢〟（という思考水準）で表したものが、そもそも神話として存在しており、それを改めて書いたのがソフォクレスの『エディプス物語』というものです。あれは、あの全部のストーリーがあって初めて、フロイトが「エディプス複合」と言った概念に相当するもの

※　夢は、ひとつの特異な様式の思考である。
——　概念でも、数字でも、具体物そのものでもない。

※　夢は思考の一様式であり、
（α要素の連結による）**視覚**像と、（具体**象徴**の連結による）**物語**的構成をもつ。

※　情緒体験　→　夢作業α　→　α要素　→　合理化と「物語化」　→　夢

※　**思考の生成**
Sensation　→　夢思考α　→　α要素　→　夢思考
（Cogitations 科学的方法の必要性）

思考としての夢・ヒステリー・転移現象

であって、その概念を表現するのにあれだけのストーリーが必要なわけです。

私は夢・ヒステリーの症状、転移現象の選択された要素について既に述べましたが、これら三つの現象は、この同じ水準の思考なのです。ですから、実際のセッションに起こる展開（一セッション内であれ、数セッション、数十セッションを通してであれ）での私たちが体験しているのは、そういう水準の思考である、と捉えることができるということです。

ビオンが考えた、夢のような水準の思考の成立には、プロセスがあります。

もともと私たちが外界の知覚や何らかの情緒を体験していて、その体験をこころで消化する作業として、ドリームワーク・アルファの機能（これは後に「アルファ機能」というふうに表現が変えられる仮説的心的ツールですが）の働きによって、「アルファ要素」という原始思考が生産されることになります。

「アルファ要素」というのは、いわば、思考として意識的な視覚像というかたちで感知されるけれども、まだ十分に考えられないものです。いわば、夢という思考のまだ断片化したままのものだと考えればよいかもしれません。断片的視覚像のかたちで感知はするけれども、十分に意識的に保持できないものです。とても幼い赤ちゃんが体験している場合がありそうな思考だと思います。

そこで、これらのアルファ要素が連結され、物語化がなされることによって、より成熟した思考としての夢が成立するというふうにビオンは示しているのです。そして、夢からさらに凝縮されたもの、圧縮されたものが、前概念・概念になるとビオンは考えていきました。

ですから、私たちがこういう場面でのように言葉を使っているときは、前概念・概念で考えているのですが、よりプリミティブな、より具体的で変形可能な考えというのが、夢水準の思考だと、ここでは理解できることになります。

眠る前		睡眠中（夢見る前）		夢見
E. **概念** D. **前概念** ［B.　α要素］ ［A.　β要素］	⇒	B. **α要素** A. **β要素**	⇒	C. **夢思考・夢・神話** ［B.　α要素］

転移過程での思考の変形

眠っているあいだの思考の展開

眠っている間の思考の展開を、ビオンの考えを使って整理すると次のようなことになるかもしれません。まず、起きているときというのは、私たちは、概念とか前概念を使って意識的に思考している状態です。今、これを読みながらうとうとされている方は違うかもしれないけれども、目が覚めておられる方は、概念・前概念を使いながら私の話を目にしておられると思います。もちろん、無意識のこころでは、アルファ要素、ベータ要素水準の思考もなされているのでしょうが、それはほとんど意識されないということになります。

そこで、睡眠をとるという流れに進むのですが、夢見る前の深い睡眠（いわゆるノンレム睡眠）の最中というのは、眠ることで思考の退行が著しい状況で、まだアルファ要素とベータ要素しかなく、記憶に残るような夢にはならないだろう、と考えられます。

しかしそこで、夢を見る状態に移ったときに、このアルファ要素が繫がっていって、ビオンが示しているグリッドのC水準、つまり夢思考－夢－神話水準の思考を使う、「夢を見る」ということになっていくのだと思います。

精神分析の方法

精神分析の方法を述べるなかでフロイトは、「無意識的な覚醒的思考 *the waking unconscious thinking* をもって、アナライザンドの無意識に共鳴する」と言っています。

つまり、治療者の役割、セラピストの役割として、症状を示し、夢を語り、転移を表す、アナライザンドのそういう無意識の思考（夢水準の思考だったり、アルファ要素あるいはベータ要素水準の思考だったりするもの）を理解しようとするときに、治療者のほうも、無意識的な覚醒的思考（正確には、目覚めていて無意識的に考えること）を実践することが必要だ、と言っているのです。

これをビオンは言い換えて、「覚醒していて夢見ること *waking dreaming*」と言っています。ビオンの別の表現を使えば、「もの想い *reverie* のなかで夢作業アルファ *dream work-α* を作動させる」ということです。

思考からみた転移過程

次に〈転移〉に目を向けてみましょう。精神病ではない人の場合の〈転移〉のプロセスを、「思考」というところで見てみましょう。

分析を始める前というのは、分析を受けるその人はそれまでのいろんな自分の体験を概念化してこころに収めているわけです。たとえば、お父さんは「冷たい人」だったとか、お母さんは「優しいが可哀想な人」だったとか、何らかの概念化した思考水準で捉えています。

しかしながら、概念という抽象的で高度な水準になっている思考が、分析設定の二人の関係のなかで緩んでくることになります。そこでは〈転移〉が顕わになっていきます。それを思考水準で言い換えるなら、思考が退行したり、拡散したりすることが発生しているのです。

いわゆる「転移神経症」といわれる物語的な転移が発生している状況というのは、まさにヒステリーが夢幻や朦朧の状態という症状を呈するのと同じようなもので、夢思考・夢・神話水準の思考として、単に語る内容だけではなくて、その場におけるふるまい、態度、あるいは、そこに持ち込む雰囲気、空気とかで表すということになるのです。

ですから、まさにその面接室は、夢思考・夢・神話水準の思考が展開している場ということになるわけです。そこで展開される、クライエントが提示する視覚的なものとか物語性のもの

分析前　　　　分析中　　　　分析後

退行／拡散中の転移　　　　転移過程

E.（誤った）**概念** ⇒ B. α要素 ⇒ C. **夢思考・夢・神話** ⇒ E. **概念**

［D. 前概念］　　A. β要素　　［B. α要素］　　［D. 前概念］

［B. α要素］　　　　他

［C. 夢思考・夢・神話］

［A. β要素］

思考からみた転移過程

とか、物語、そして、象徴性のもの、そういうものを私たちが「もの想い」（あるいは「起きて夢見ること」）を通して、どう繫いで理解するかなのです。

北山先生は「劇的な精神分析」という表現を使われました。その「劇的」の意味は多重にあるわけなのですが、ここでの意味は、物語性や視覚性をもった劇が展開されるのが、セッションのなかだということです。そして、それをさらに見る機会として夢が提示されるということもあるのではないでしょうか。

そこで、治療者がする解釈が（あるいはクライエント自身が為す洞察が）、夢思考・夢・神話水準で考えられている体験を、もういちど概念に収めることで思考の変形、つまり重要な対象への新たな考えを達成する、と言えるのではないかと思います。

分析空間のなかで

私たちはクライエント／患者の話を聴くということになじんでいます。ただ、実際の分析空間においては、アナライザンドは単に語っているだけではなく、陰に陽に、あるいは、あからさまに微妙に、いろんなふるまい・行為を表してもいるのです。

ですから、クライエントの話を聞くだけではなく、そこでその人が何を表しているのかと、何を夢のように語っているのかと、その全体に私たちのすべての感受装置を向けることが大事であろうと思います。

そうした意味で、分析空間というのは、転移の舞台、すなわち夢のなかとなっているのです。つまり、今ここで、見て聴いて感じるドラマが繰り広げられています。つまりその舞台で、こころのなかの世界がそのまま展開しているということです。

そして、私たち治療者はそのなかにいるのですから、当然、そういう夢／転移の構成部分に

精神分析セッションのなかで、
アナライザンドは語りながら、陰に陽に、あからさまに微妙に振る舞っている。
すなわち**夢のように語っている。**

その分析空間は、**夢／転移の舞台**である。
今ここで、視覚的ドラマは繰り広げられている。

そのとき治療者は、夢／転移の**構成部分**となっている。

ゆえに治療者は、アナライザンドの夢を生きながら、夢をともに生きて見ていく。
そしてそれを**ことば／思考**にする（解釈する）。

分析空間で……

なってそこにいるということになります。夢の備品 *furniture* という言葉がありますが、夢／転移を構成する備品となってそこにいるということであって、私たちは決して夢の外にいるのではないのです。

もちろん私たちは、夢の外からの視点で、クライエントがそこで表しているものを理解する必要はあるのですが、一方では、夢のなかの構成部分であるというのが大事なことでもあります。それを私たちが拒否すると、夢から覚ます、転移を壊すことになるわけですから。

ですから、そういうところにおいては私たちは分析の場に、アナライザンドが語る夢を聴きながら、夢をともに夢見、生きて存在することになります。そして、それを「さらにより成熟した思考にする」という作業をするのが私たちの役割です。それが、解釈をするということです。

なかには、クライエント自身が洞察し、自分でより成熟した思考、概念に変えることができます。分析空間での私たちの創造がここにあります。それは、パーソナルでプライベートな創造です。ちょうど毎日の夢見やもの想いで誰もがしているような……。

……アビーロードというＥＭＩレコードの録音スタジオがあって、ビートルズのアルバムのタイトルにもなった通りがあって、そこからちょっと入った通り、クリフトンヒルの一角に、ベティ・ジョセフが住んでいました。かつてはクラインやスィーガルもその通りに住んでいました。私が訪れたときのベティ・ジョセフの写真です。クリスマスプディングとコーヒーをいただきました。このとき、九十五歳か九十六歳で、この半年後に亡くなられました。明晰で親切なおばあちゃんでした。

討論

きていますね。

藤山　おまけが、とても良かったですね。サービスが。だんだん、松木先生はこういうふうになって

まず一つは、あの患者さんは、ウィニコット的な意味ではすごく乖離しているわけです。現実の世界と子どものときの世界を乖離させた。そういうときに、ウィニコットは「乖離」という言葉をすぐ使いますよね。だから、それは意識の「乖離」とは違うんだけれども、それが統合されるというか、それが語り合われるとそこがポテンシャル・スペースなわけです。

だから、この患者さんは、分析を受ける前は解離した人生を送っていたと思うんですけれども、分析のなかで、ポテンシャル・スペースに入っていって、空想と現実を合流させるようになってきた、過去と現在を交流させると言ってもいいでしょうけど、そういうことなんだろうと思ったというコメントをしたいと思います。

あと、もうひとつ、先生、夢の中の人物として私たちがそこにいるということは、どんな体験を分析家に引き起こすのだろうかということがありますね。分析セッションが夢みたいなものだとしたら、分析セッションというものはどう体験されるのか。私たちが夢を見ているときは、驚きとか、おののきとか、びっくりするという、そういうことを体験するわけです。「夢を見る」という日常的言い回しには、夢を私たちが普通は生きておらず、夢を見ている、という事実が語られています。「夢」と

いうものは外にあるんです。主体の外にあるものして私たちはそれを見ているということだと思うし、実際、そこには、たいてい夢を見ると、自分を外から見ている形で体験している、というのが多い。

つまり、「夢」というのは、私の考えでは、夢という体験はすごく事物の手の届かなさとか、異物性とか、外在性とか、そういうものがこころのなかにあるということです。心のなかにありながら、心のなかで生成されるものでありながら、自分の心のなかのことを外のように、そして、驚きと予想外の感覚というか、捕らまえがたくて手が届かないという感覚でもって体験させてくれる。夢はそういう逆説をもっているように思います。

だから、セッションという夢のなかに自分がいるということを体験していくということと、セッションで夢を見ている、それにおののいたりびっくりしたりしている自分をも体験していくということと、その理両者がどんなふうに分析家の中で体験されていくのか。ここに私はいちばん興味がありま す。

私のさっきの話は、人間のこころのなかの「夢見ること *dreaming*」という機能を援助することとして精神分析を考えるという話をしたつもりなんです。松木先生の話は、分析のなかでの夢についての話でだったように思います。、そのコンテクストで今のところを少しご質問してみたいかなと思いました。

松木　ありがとうございます。ほんとうに、お尋ねになったところは、非常に大事なところです。アナライザンド、クライエントの夢のなかにいるという体験は、ある種、サイコーティックな体験、精神病的な体験であり得るものだと思います。つまり、そこにおいては、我々は、主体性がないのです。

クライエントが、たとえば、私のことを、いつ激しい暴力で襲ってくるかわからない父親だと感じてカウチに横たわっておびえているときに、枕元に私は座っているんですが、まさにそういう対象として自分がそこにいるとのことを、そのまま受け入れます。その対象に同化します。そうすると、さまざまな感覚が私の中に湧くことになります。すごく優越した気持ちを感じるとか、そこにある頭を力いっぱい叩きたくなる破壊的衝迫を抱くとか、そういう感覚も湧いてきます。治療者はそれを、おびえないでそのままにしておけることが必要になると思うんです。つまり、現実吟味を手放してしまいます。というのは、それこそが、起きて夢見るような、もの想いに入っていることによって、クライエントの夢のなかの備品でいることができることなのです。

しかし、それだけだったら、フォリ・ア・ドゥ *folie à deux* になってしまうわけですね。つまり、二人精神病になってしまうので、それと同時に、私たちが治療者として機能するためには、そうではない私たちも維持しておかなければなりません。外部から夢を見ていておののく自分です。

だから、藤山先生がおっしゃったことですが、ウィニコットの言うディソシエーション *dissociation*、乖離というあり方を、私たちもそういう乖離したあり方をしているということになのでしょう。

「同床異夢」という言葉がありますが、同じ床に入っていて全然違う夢を見ているという。だから、同床同夢を味わいながら、どこかに同床異夢の自分も持っている、と。それが精神分析的治療者として機能するには必要ではないかと思います。

同床異夢であるのは簡単です。我々が現実機能に固執していれば、簡単に、現実はこうなんだと同床異床になりますから。そうではなくて、訓練的には、同床同夢であることに馴染むことが、私たちが成し遂げる必要があることではないかと思います。その場にいて、同じ夢を同じように味わって体験していることができるということが、分析的な治療者になるときに強く求められる訓練です。

Discussion

フロアの皆さんのから、何かご質問、ご意見をうかがいたいと思います。私の話に限らず、先ほどの藤山先生の話についても、あるいは、両方を重ねても構いません。

A　二点あるんですけれども、一点目は、妄想と夢の違いということが、ずっと教えてほしいのです。それはどういうことかと言ったら、ちょっと精神病のあたりをうろうろしているような段階の方の場合に、「こんな夢を見たんです」と言っても、どう考えても、これは現実に、何日か前にあったことをこの人は夢だというふうに思っているという場合もあるし。それとか、妄想なのに、夢を見ていなかって、眠っていなかって、夢じゃないのに、この人が妄想のことを夢だと思い込んでいるときというのがあります。それを、話をするときに、聴く側として、妄想と夢の区別というか、それはどういうところでつけるのかというか。

それが、その人の発達段階的なところで行って、この人はだいたい今このぐらいのあたりにいるから、これは夢ではなくて、妄想か、現実と夢の区別がつかなくなっているんだというふうに判断するというのも一つかと思うんです。それ以外には、どういうふうな見分け方と言ったら変ですが、そんなのがあるのかというのが一つです。まず、それをお願いします。

松木　ご質問、ありがとうございます。まず、妄想というものは、その本質は空想、その人の主観的な想像と位置づけられるものですよね。空想って誰でもするものですね?だから、空想なんだけれども、空想が全く現実だとその人が思い込んでいるものについて、我々は「妄想」というレッテルを貼るのであって、それは、本質的には空想だということですね。

そう考えるなら、さっき、ウィニコットの話で藤山先生が言われたように、空想は変形できないものなんです。夢は変形できるけれども、空想はたやすく変形できないものです。そうした意味で、妄想というのが変形できないものであるということにおいて、夢とは違うということになるところです。

変形できるかできないかというのは、どういう意味かというと、夢は醒めることができるんです。でも、妄想は醒められないんです。空想は醒められないんです。夢は醒めることができる。つまり、夢というのは、夢のなかで思ったり体験したものを、醒めた後客観的に見ることができる視点が手に入るのが夢ですね。起きた人は夢を客観視していますから。だけど空想では、その客観化は日常的には起こりません。空想に浸ります。その人自身は信念とか事実と見て。空想を事実と見て他の視点の入る余地がない事態が妄想です。そのままだったら、それこそフロイトの「グラディーヴァの夢」にあるように、もうそのままの体験そのものであって、変わりようがないままに本人に体験されているという、そこが異なることではないかと私は思います。

それでご質問で、発達段階とのこととおっしゃいましたが、発達段階と、夢か妄想かというのを結びつけるのは、むしろ難しいことなのかなと私は思いました。

ですから、発達段階という発想よりも、それが今の時点で変形可能かどうか、あるいは、さっきからの言葉で言えば、ディソシエーションです。精神医学でいう乖離じゃない、ウィニコットのいう乖離みたいな感覚が維持できるかどうかという。妄想の場合には維持できないわけです。でも、ポテンシャル・スペース的な夢の体験だったら、区別が成立しているわけです。

たとえば、私が最初に述べた例にあったように、その途中で、「あぁ、これは夢なんだ」と本人が思うことで、その夢体験を横に置こうと懸命にするわけです。そうした感覚を持てているかどうかがあるかと思います。

藤山先生、いかかでしょうか。

藤山　サイコティックなこころは、夢見ることはできないわけですよね。夢は見られないわけです。だから、夢が見られる、夢を見たら、いつもそれは妄想というか、夢と現実の区別がついていないわけですよね。

つまり、無意識と意識の障壁というものは、夢見るということによって生まれるわけなので、それがないわけだから、無意識と意識がはっきりしていないのです。それは一次過程と二次過程の区別でもあります。空想と現実と言ってもいい。要するに、いま先生がおっしゃったように、非常に精神病的なこころにおいては、夢だと思っていたことが実は本当のことだったりすることになる。そういう夢見るということは、きわめて構築的な能力なのです、ビオンにとっては。フロイトのような単なる偽装としての夢の仕事、というのとは、ぜんぜん次元の違うことです。その夢見る能力をサイコティックなこころ部分は持てないのです。

ビオンが言っただけでなく、精神医学で臨床観察でも、それは、実際に、中井先生の寛解過程の論文を読んでも、寛解の過程を踏み始めると夢がうわーっと出てくることを観察してます。本当に気が狂っている急性期の人は夢を見ません。夢が出てくるというのは、本当にサイコティックなところから元へ戻っていくときの重要な過程の一部だし、その後で、普通、身体症状が出てきたり、体の具合が悪いというのを訴え始めるようになったりする、ということも中井先生は観察しています。気が狂っている人が真っ当になっていくときの一つのプロセスのなかの重要なことの一部として、夢の回復というのがあると思うんです。

もちろん、気が狂っている人にも正常な部分があるから、少しは夢を見られる人もいるけれども、その夢を見られないさというのは、気が狂っている人には、つきまとっていると思うんです。

松木　さきほど、ビオンの思考についての見解を提示しましたが、そこから位置づけると、妄想というのはもっとも原始的な思考水準である「ベータ要素」なんです。そして、夢は、さっきからお話ししているように、もっと成熟した水準の思考なんです。

何が違うかというと、夢というのは、自分の内側で操作できて変形できる、つまり、考えられる思考の水準になっているんです。だけど、妄想は、もう外の具体的なものとしてしか位置づけられなくて、自分の中で考えられないものです。

たとえば、統合失調症の人が、「隣の家に変な機械が置いてあって、その機械で自分の頭の中に『バカ』とか『死ね』と吹き込んでくる」、こういった妄想があるときに、その統合失調症の人は、「この考えはおかしいのではないか」というふうに、自分の考えを考えることができないんです。そうではなくて、隣の家に怒鳴り込んで、「その機械を出せ」とか、「その機械を壊せ」とかいうふうに、実際に行動するしかできないですね。それは、考え／思考が最もプリミティブなベータ要素として、外のものとして置いておくしかできない水準にあるということなんです。

ありがとうございました。もうひとつ、ご質問がおありですね。

B　藤山先生にお聞きしたいと思います。金魚で自由連想が出てこなかったということですが、それは、僕は、「死」ということと関係があるんじゃないかと思いました。「死」は直視したくないですよね？　それで、それを直視することによって、喪にふける作業が起こって、カタルシスが起こって、治療的にはたらいたという解釈は成り立ちませんでしょうか。

藤山　うーん、おっしゃるとおりかもしれないです。使っているターミノロジー *terminology*、用法が違うだけかもしれません。この人にとって金魚というのは、あの時点では考えることのできない、死でもあるし、自分の弟の出生に関するエモーショナルな体験全体なのです。その考えられなさがあって、その考えられなさがゆえに、金魚については連想できなかったわけです。

その後のプロセスのなかでそれを考えられるようになって、この人は空想のなかで妹を殺したり、お母さんを殺したり、自分も殺したり、つまり自殺して池の中に埋めたりしていたという話が、皆さんは読み取れたと思うんです。そういうことを私に語ったりすることによって、徐々に、この人のなかで、語れないものを語るプロセスが進んできたことによって、何かが進んでいったわけです。

それは、「カタルシス」という言葉を使うかどうかというのは非常に微妙ですが、要するに、ワーク・スルー *work through* というのは、ミクロなカタルシスの集積とも言えると思うんです。エネルギーが開放されていくわけですから。そういう意味では、そうかもしれません。そういうふうにおっしゃっても結構かなと思います。

松木　それでは、今日はここまでにいたしましょう。

In Retrospect…　ふりかえり

松木 邦裕

夢と精神分析の関連で思い出すのは、若い頃、フロイトの著作を読み続けていたときに読んだ『夢解釈』は、さほど面白く感じられなかったことです。今日ではその理論的な意義を肯定できますが、読んでいてときどき退屈でした。おそらく、豊富に出てくる象徴の解釈が、私には時折、恣意的に感じられ眉唾的な疑惑が浮かんだことや、理論的な説明にくどさを感じたところからだったのではないかと思います。ですから、私の手もとにある四種類プラスアルファのフロイトの著作集では、『夢解釈』は押し並べてきれいなままです。

今回、《精神分析スタディDAY》で「精神分析における夢、夢見ること」というテーマのもとに藤山先生と私が語ったことを振り返ってみますと、もはや別次元と言ってよいほどに、精神分析での夢の位置づけは変わってしまった感があります。

それは、藤山先生によって〈「夢」ではなく、「ドリーミング／夢見ること」ということが問題になってきています〉と、端的に一言で述べられています。藤山先生は講義のなかで一連の精神分析セッションを提示してくれましたが、そこでは、分析家が夢見ながら、その女性が夢見ることを手助けしているところが、聴いている方たちにも、生きた空気のなかで感知されたであろうと思います。これは、ビオンが「夢の核心は、顕在内容ではなく、情動経験である」〔Cogitations. 'Tower of Babel : possibility of using a racial myth' 日付なし　おそらく一九六〇年〕と記していることにも符合すると思います。ちなみに、ここでの「核心」とは、解決を待っている問題のことです。

もうひとつは、〝夢〟は、夢見る人の思考を隠蔽しているのではなく、その思考を退行的に変形して表現しているとのことです。ですから精神分析の場面において、夢を意識的な思索のもとでの解読作業にさらすのではなく、「もの想い」のなかに漂わせることが、夢から概念化された思考を感知していくという、フロイトが電話での音声の伝達の仕組みを喩えに使った精神分析家の働き方であるとのことです。すなわちそれは、夢見る人と同じように私たちも「起きていて夢見ること」なのです。

そこで私たちが携わるのは、持ち込まれた〝夢〟ではなく、その夢を〝夢見る人〟です。それは夢の思考ではなく、夢見る人の思考なのです。この点は、講義のなかでスィーガルのことば「夢を分析するのではなく、夢見る人を分析する」を紹介したところです。夢の内容だけに注目するのではなく、その夢が語られているときの関係性に注目することにこそ大きな意義がある、という結論は、セミナーのなか、その後の全体討論で浮かび上がってきたところでした。

「追伸」のようなものを述べてみます。

精神分析をはじめ、いわゆる深層心理、こころの無意識を認める臨床家のあいだでは、夢の「顕在内容」の有意義性は共有されてきています。患者の提示した夢を中心に論文が構成されるのは、きわめて普通のことです。一方、睡眠学者や多くの人にとっては、夢の「顕在内容」そのものは、強烈な不安や恐怖を伴う夢以外は、奇妙だったり不自然過ぎたりと、おおよそ滑稽なもので、あえて語る必要もなければ、次の瞬間には忘れていてそれでよいというものです。この両者のあいだの夢の位置づけには著しい落差、大きな溝があります。そして、私自身のなかにも同じような溝があるのも感じていました。ですから、ずっとこの溝が私は気になっていました。

ところが、ビオンが次のことを書いているのを見つけたとき、いくらか腑に落ちた感じがありました――「『夢』は心的尿や糞塊であるが、〔こころの――筆者〕非精神病部分が作動しているとき、思考〔Grid C〕となる。他方、精神病部分にとっては、ベータ要素の塊りである」〔Cogitations.'Psychotic Mechanisms' 一九五九年一月十日〕。

ビオンはこころの「精神病部分」と「非精神病部分」という表現を用いていますが、「精神病部分」とは〈過覚醒しているこころ〉と描写できると思います。過覚醒しているこころは、かかわる世界のすべてを客体として知覚しようとします。そして、客体として知覚しているものだけに注目します。ですから、世界は、曖昧さがすっかり排除された確かなものであり、そこには不安はありません。ゆえに〈過覚醒しているこころ〉は、基本的に幸せなのです。そのこころに陰りが出てくるとしたら、それは迫害と崩壊です。一方、こころの「非精神病部分」には、わからないものが見つかります。それは、不安や恐怖を不可避に惹起します。ゆえに〈起きていて夢見るこころ〉は、基本的に不幸なのです。それゆえ、それらをなんとか認知し理解しようと切実に考えます。

〝夢〟は、こころの尿や糞塊という排泄物として取り扱ってよいものなのです。しかし、こころの健康に注意を向けようとする何らかの動機や好奇心がその人にあるなら、その〝夢〟という尿や糞塊を調べることが、こころの健康さや病的状態に関して何らかの見識を供給してくれるのです。私たちは生きているわけですから、生きていること自体についての健康にこだわることは、まずいことではないのかもしれません。

この時期、藤山先生は大学の職務以外に、日本精神分析学会の会長職に就いておられ、日本精神神経学会でも精神療法委員会委員長の役を果たしておられるなど、公的組織活動に日常の時間を割かれていました。にもかかわらず、精神分析家であることには何の揺らぎもなかったことが、この日の在り方や発言に現れています。

私とともに、そして《精神分析スタディＤＡＹ》に参加された皆様とともに、〝夢のとき〟を過ごしていただいたことに感謝いたします。そして参加してくださいました皆様、ありがとうございました。

藤山直樹

当日の私の発表は精神分析素材を一週間分出すということが中心で、なんだか、とても緊張しました。それは、松木先生にスーパーバイズを受けるような心持ちになってしまったからでしょう。

実際、討論の時間に私はケースについて、松木先生にコメントをいただきました。もうすこし転移解釈ができるのではないか、というのがそのご趣旨でした。私は先生の語るストーリーにいちいち納得しました。私も、それが他人の素材であればそういうことを言うのだろう、と思いました。でも自分の体験としては、なかなかそういうふうにできなかったし、おそらくそれがそうできないことにも、意味があるようにも思いました。このことは分析実践にとって本質的な論点でもあるように思います。

この発表で言っているように、私は精神分析とはふたりで非対称的な夢見をすることだと思っています。私たちは患者を夢見るのです。そのために自分自身の一部についても夢見る必要もあります。ただこれは単に考える、というのとは違うのだろうと思います。

メルツァーの名著『精神分析過程』冒頭に「分析家はセッション中にいくぶんlostである」(飛谷先生は「忘我」と訳されていました)と書かれていることが、私には印象的でした。私たちはいくぶん我を忘れ、クリアでない意識の状態のなかにあるのでしょう。それは、論理的にそこにあるものを分節化することとはいくぶん離れたこころの状態のような気がしています。

私たちは夜、夢を見ながら、わけがわからないという背景の感覚を抱きながら、どきどきしたり、わくわくしたり、慄いたりしているわけです。同じように、わけのわからなさ、非分節的で曖昧で不可知であるという感触を抱きながら、患者とそこにいて、驚きや慄きや切なさや恐ろしさを体験することが、精神分析家の最重要な仕事だろうと思います。

転移解釈というものはともすれば、私たちを患者の対象世界のあれこれに「あてはめる」という能動的な知的作業に基づきかねません。転移解釈をしようと意識的に集中することによって生じる、そうした能動的な「あてはめ」思考は、そこで夢見る体験をしている分析家の心的部分とは違う心的部分の働きであり、ともすれば、夢見ることを邪魔します。フロイトが「先の見えないなかで驚きに身を任せてやっていくケースがいちばんうまくいく」と言ったことの意味は、そのあたりにありそうです。じゅうぶんな夢見がそこにあれば、私たちは自然に転移解釈、つまり私たちが患者といることがどんな感じかということにもとづいて患者の対象世界を思いめぐらせることのできる語りを紡ぐことができるだろうと思います。

それが自然にできれば、それに越したことはないのでしょう。ただ、私は、夢見ることはできてもまだ分節的に考えられない、そうした情緒との接触の体験そのものにじゅうぶん開かれている時間が、とても重要だと思います。そこでは、その微妙で曖昧で中途半端なありようこそ、何より優先されるだろうと思います。

私たちが「知らない」ことに開かれていること、患者との情緒的接触に圧倒されることを自分に許すこと、精神分析技法や理論を「忘れる」自由をもっていること、そうした全体が、精神分析家として自分を日々更新していくのでしょうし、逆説的ですが、精神分析の伝統のなかに「生きて」留まることを可能にするのでしょう。

夢見ない人は、こころの成長がありません。彼のこころの世界は、永遠の反復がおこなわれる不毛の場所であり、彼の人生の歴史は、歴史として自らや他人に語られる形をもつまえに流産しています。精神分析家として私たちが夢見ることを続けるということは、自分の仕事を反復にせず、変化させるということに促していくのだろうと思います。

今回もいろいろなことを夢見させてくださった松木先生、そして、その過程でいろいろな刺激をくださり、一緒に夢を見てくださった聴衆の方々に深く感謝いたします。

後記

第五回《精神分析スタディＤＡＹ》〔創元社主催〕は、多くの方に参加いただき、二〇一四年四月に京都のおとなり、大阪市で開催されました。その記録をもとに本書は編纂されました。当日の前半部を収めた本書には、会場の空気がそのまま収められています。この第五回でも臨床事例の検討がなされ、提示者は先回同様、精神分析学会認定精神療法医の清野百合先生〔かねこクリニック〕でした。そして、先年に劣らぬ、精神分析臨床として質の高い提示と熱い討議が繰り広げられました。守秘事項を含むため本書に収録できないことが大変残念です。

《精神分析スタディＤＡＹ》のプロデュースと本書の編纂は、創元社シニア・エディター津田敏之さんが担ってくれました。感謝いたします。

二〇一五年現在、すでに第六回《精神分析スタディDAY》を終え、第七回に向かうところです。この会を変わらず支えてくださいます皆様に感謝いたします。

盛夏の名残りを徒雲《あだぐも》にみつけながら

松木 邦裕

飲み込む　25-26, 39

は　行
排出　8-9, 19
白昼夢　17
パーソナル　9, 18, 21, 33, 37, 74
　パーソナライズ　10
母親（お母さん）　13-14, 39, 59, 84
ビオン　7, 9-11, 13, 18, 36, 63-69, 82
ヒステリー　52-56, 58, 65, 70
びっくり　→驚き
備品 furniture　38, 41, 73, 78
ヒューマンなこころ　11
フォリ・ア・ドゥ（二人精神病）　78
プライベート　74
フリース　5, 51, 54-55
ふるまい　70, 72
フロイト　5-7, 11, 49-56, 60, 63-64, 69, 80
雰囲気　63, 70
文化のエリア　***13-18***
分析空間　44, 48, ***72-74***
　分析室・面接室　38, 45-47, 70
ベータ要素　8, 14, 67, 69, 82-83
変形　6-7, 9-11, 50, 55-57, 66, 71, 80-82
ポテンシャル・スペース（可能性空間）　13, 15, 36, 59-60, 76, 81
本能衝動　8

ま　行
無意識　11, 51, 54-56, 67, 69, 81
　無意識的（の）思考　8, 10, 50, 52-53, 55, 69
　無意識的なワーク（仕事）　11
　無意識の感情　52
　無意識の内容　50
　無意識への王道　6
夢幻　70
妄想　8, 79-83
朦朧　70
モーニング・ワーク　39
もの想い　69, 71, 74, 78
物語・物語性・物語化　24, 52-55, 61, 64, 66, 70-71
物自体　11, 14, 17

や・ら・わ　行
夢思考　→思考
夢思考 - 夢 - 神話水準（C水準）　12, 36, 66
『夢の解釈』　5-7, 51
夢の仕事（夢作業）　5-7, 11, 69
夢のなかの構成部分・人物　73, 76
夢分析　62
夢見られている／いない夢　***19-34***
抑圧　9, 50, 55
　抑圧された思考　63
良心の呵責　55
ワーク・スルー　84

現実　8, 14, 17, 24, 33, 47, 54, 58, 76, 78-82
　現実吟味　68
　現実原則　58
　こころの（心的）現実　29, 48
コミュニカティブ　19, 37

さ 行
再現　22, 39
視覚　52, 66, 70-71
　視覚化　54-55, 64
　視覚要素　53-54, 58, 61
時空間　45
思考（考えも見よ）　8-9, 50, 53-55, 63-67
　思考を考える　9
　覚醒的思考　69
　考えられない思考　8
　原始思考　66
　成熟した思考　66, 74
　潜在的な思考　63
　眠っているあいだの思考　67
　夢思考　50
自己分析　51
C 水準　→夢－夢思考－神話水準
主体性　77
象徴　53-55, 62, 64, 71
　象徴化　55
　象徴解釈　53, 61
情緒　31, 65
情緒的意味　情緒的意味　33
情緒的体験　情緒的体験　9-10, 31-32
thinking　→考えること
身体症状　52-53, 82
死　29-33, 39-40, 83-84
　死んだもの　7
　死んでいること（デッド）　37
心的機制　55
シンボリック　→象徴
神話　64
睡眠　→眠り
数学式　64
スクリーン・メモリー　34
性愛的愛着　64
精神病　8, 19, 77-79, 81
前概念　66-67
潜在内容　6, 50
創造　7, 14, 37, 74
thought　→考え

た 行
体験から学ぶ　10
対象関係論　9
対人作用的　9
断片　66
父親　54, 78
デッド　→死んでいること
転移　38-39, 54-55, 58, 61-62, 65, 69-70, 72-73
　転移神経症　56, 70
　転移対象　41
　転移の舞台　72
同一化　8, 32
道具　9
洞察　71, 74
　偽りの洞察　27
同床異夢　78
dreaming　→夢見ること
ドリームワーク・アルファ　→アルファ機能

な 行
生のもの　8, 10
　生の体験　8, 10
乳児（赤ちゃん）　13-15, 19, 66
人間の本性　64
眠り・眠る（睡眠）　6, 49, 67, 79, 82
眠っているあいだの思考　→思考

索　引

あ　行

赤ちゃん　→乳児

遊ぶこと playing　13, 15, 17

圧縮　6, 55, 66

アルファ機能　10, 65

　ドリームワーク・アルファ　65, 69

アルファ要素　66-69

生きていること living　17, 36-37

　生きたもの　7

移行現象　14-15

意識　10-11, 46, 51, 54-55, 58, 66-67, 76, 81

　意識化　52, 55-56

偽りの洞察　→洞察

異物性　77

意味　9-10, 18-21, 33-34, 37

隠蔽　50, 55-56

ウィニコット　7, 14-15, 17-18, 36-37, 76, 78, 80-81

ウルフマン（狼男）　60

エディプス・コンプレックス　64

お母さん　→母親

置き換え　6

起きて夢見る　→覚醒～

驚き（びっくり）　76-77

おののき　76

か　行

外在性　77

解釈　22, 26, 32, 34, 39-40, 46-47, 50, 54, 61, 71, 73, 83

外傷　5, 8, 14

　外傷的事態　33

概念　36, 55, 63-67, 71, 74

解離　52, 54, 76, 78, 81

乖離　76, 81

覚醒していて夢見ること　69

覚醒的思考　→思考

カタルシス　83-84

葛藤　9, 52

可能性空間　→ポテンシャル・スペース

寛解過程　82

考え（思考も見よ）　18, 27, 30, 51-52, 66, 71, 83

考えること thinking　10

　考えたくない　9

　考えることができる／ない　9-10, 21, 32-33, 82-84

感受装置　72

願望充足　6

奇怪な対象　8

逆説　14, 77

逆転　55

凝縮　66

競争　64

去勢　59, 64

空気　70

空想　17, 21, 29, 76, 80, 84

具体物　64

グラディーヴァの夢　80

グリッド　13, 36, 68

劇的な精神分析　71

検閲　6, 50

原光景　60

顕在内容　6

顕在夢　50

原始思考　→思考

著者紹介

松木邦裕　（まつき・くにひろ）

1950年、佐賀県生まれ。
1975年、熊本大学医学部卒業。1999年、精神分析個人開業。
2009年－京都大学大学院教育学研究科教授。
2009－2012年、日本精神分析学会会長。
日本精神分析協会正会員。

著　書

『対象関係論を学ぶ』岩崎学術出版社、『分析空間での出会い』人文書院、『精神病というこころ』新曜社、『分析臨床での発見』岩崎学術出版社、『私説対象関係論的心理療法入門』金剛出版、『摂食障害というこころ』新曜社、『精神分析体験:ビオンの宇宙』岩崎学術出版社、『分析実践の進展』創元社、『精神分析臨床家の流儀』金剛出版、『不在論』創元社、『耳の傾け方』岩崎学術出版社、ほか多数。

藤山直樹　（ふじやま・なおき）

1953年、福岡県生まれ。
1978年、東京大学医学部卒業。1999年、個人開業。
2001年－上智大学総合人間学部教授。
2012－2015年、日本精神分析学会会長。
日本精神分析協会正会員。

著訳書

『精神分析という営み』岩崎学術出版社、『集中講義・精神分析』（上／下）岩崎学術出版社、『続・精神分析という営み』岩崎学術出版社、『精神分析という語らい』岩崎学術出版社、『落語の国の精神分析』みすず書房、『精神分析を語る』（共著）みすず書房、『フロイト技法論集』（共訳）岩崎学術出版社、ほか多数。

こころの臨床セミナーBOOK
夢《ゆめ》、夢見《ゆめみ》ること

2015年10月20日　第1版第1刷発行

著　者……………………………………
松木邦裕・藤山直樹
発行者……………………………………
矢　部　敬　一
発行所……………………………………
株式会社 創　元　社
http://www.sogensha.co.jp/
本社　〒541-0047 大阪市中央区淡路町4-3-6
Tel.06-6231-9010　Fax.06-6233-3111
東京支店　〒162-0825 東京都新宿区神楽坂4-3 煉瓦塔ビル
Tel.03-3269-1051
印刷所……………………………………
株式会社 太洋社

ISBN978-4-422-11304-3　C3011